Yvonne Oeffling

Gar nicht so schwer?!

Aspekte der Prävention sexueller Gewalt in Themenfeldern der Jugendarbeit

Mit einem Vorwort von Elke Schmidt, AMYNA e. V. – GrenzwertICH

AMYNA e. V. (Hg.)

Impressum

Bibliografische Information der Deutschen Nationalbibliothek: Die Deutsche Nationalbibliothek verzeichnet diese Publikation in der Deutschen Nationalbibliografie; detaillierte bibliografische Daten sind im Internet über dnb.dnb.de abrufbar.

ISBN Print-Ausgabe: 978-3-934735-16-3

ISBN E-Book-Ausgabe: 978-3-934735-17-0

Titel: „Gar nicht so schwer?!" – Aspekte der Prävention sexueller Gewalt in Themenfeldern der Jugendarbeit. Mit einem Vorwort von Elke Schmidt.

Herausgeberin: AMYNA e. V., Orleansstraße 4 | Haus D, 81669 München, Tel.: (089) 890 57 45 – 100, Fax (089) 890 57 45 – 199, E-Mail: projekte@amyna.de

Autorin: Yvonne Oeffling

Redaktion und Bearbeitung: Christine Rudolf-Jilg

Lektorat: Gabriele Schicht, eolas informationsdesign GmbH, München

Layout und Satz: eolas informationsdesign GmbH. München

Umschlaggestaltung: designergold – Büro für Gestaltung, Julia Kessler, München

Herstellung: BoD – Books on Demand, Norderstedt, www.bod.de

Dieses Buch wurde ermöglicht mit der freundlichen Unterstützung der Stiftung Bündnis für Kinder.

Die im Jahr 2013 im Rahmen des Projekts „Präventionsbox" für den BDKJ Bayern erstellten Broschüren bilden einen Grundstein für dieses Buch. Wir danken herzlich für die Kooperation und die daraus gewonnenen Erkenntnisse.

Das Institut zur Prävention von sexuellem Missbrauch und GrenzwertICH werden unterstützt durch die Landeshauptstadt München.

Inhalt

Vorwort

Liebe Leser*innen,

die Kinder- und Jugendarbeit hat frühzeitig damit begonnen, sich mit dem Thema der Prävention von sexuellem Missbrauch auseinanderzusetzen. Bereits 1999 wurde in Bayern eine Arbeitsgruppe des Landesvorstands ins Leben gerufen, der neben Jugendverbänden, der offenen und kommunalen Kinder- und Jugendarbeit auch die Jugendringe auf unterschiedlichen Ebenen angehörten. Diese Arbeitsgruppe formulierte schon damals auch heute noch gültige Ziele: Prävention sexueller Gewalt ist ein Qualitätsmerkmal guter Kinder- und Jugendarbeit. Sie setzt zuerst und vor allem bei den Erwachsenen an. In deren Verantwortung liegt es, Kinder und Jugendliche vor sexuellem Missbrauch zu schützen. Heute wirkt „Prätect" (von Prävention und Protect) auch weit über die Grenzen Bayerns hinaus und stellt somit die etablierteste Stelle für Fragen der Prävention im Bereich der Jugendarbeit dar. Sie ist seit über 10 Jahren eine Fachstelle des Bayerischen Jugendrings.

Schaut man auf die bundesweit tätigen Jugendorganisationen, so gibt es kaum mehr einen Verband, der das Thema noch nicht bearbeitet hat. Und der Deutsche Bundesjugendring formulierte bereits 2010: „In der Jugendverbandsarbeit ist Beziehungsarbeit ein wichtiger und elementarer Grundbaustein der Strukturen und Angebote. Dadurch ergeben sich zwangsläufig Risiken für sexuelle Übergriffe. Die Jugendverbände haben schon alleine aus ihrem Selbstverständnis heraus den Anspruch, ein sicherer und geschützter Raum für Kinder und Jugendliche zu sein, in dem sich Kinder und Jugendliche einbringen und ausprobieren können.

Die Jugendverbände leisten mit ihrem Angebot und ihrer Methodik einen zentralen Beitrag gegen Gewalt an Kindern. Sie stärken Kinder und Jugendliche in ihrer Persönlichkeit und unterstützen sie, ihre eigenen Grenzen zu erkennen und selbstbewusst zu artikulieren. Seit Jahren werden, aus dem gleichen Selbstverständnis heraus, Anstrengungen zur Verbesserung der Prävention sexualisierter Gewalt unternommen. Dabei ist die Phase, in der einzelne Modelle und Maßnahmen entwickelt wurden, bereits abgeschlossen. Vielmehr befinden sich die Jugendverbände mitten in der flächendeckenden Einführung umfassender Präventionskonzepte."[1]

Erst langsam stellten sich andere Organisationen der Erkenntnis, dass sie ein auf ihre Gegebenheiten abgestimmtes Präventionskonzept benötigen, dessen Bausteine und Maßnahmen prozesshaft entwickelt und umgesetzt werden müssen.

Die Kinder- und Jugendarbeit ist also gut aufgestellt. Immer mehr geht es nun darum, alles Entwickelte auch praktikabel zu übersetzen und im Rahmen des Alltags der Kinder- und Jugendarbeit auch auf allen Ebenen zu leben. Immer wieder geht es darum, auch zu hinterfragen, was die einzelnen Präventionselemente eines Schutzkonzeptes für verschiedene Arbeitsbereiche (z. B. offene Kinder- und Jugendarbeit, Jugendverbände, Streetwork, kommunale Jugendarbeit usw.) bedeuten und wie sie passgenau übersetzt werden können.

Was bedeutet Prävention für die Leitungspersonen (Vorstände und Geschäftsführungen) bzw. für Jugendleiter*innen vor Ort? Welche Aufgaben haben die jeweiligen Personen mit ihrem jeweiligen Amt zu übernehmen? Diese Fragen wollen geklärt sein, soll der Schutz der Kinder und Jugendlichen umfassend gestaltet werden.

Und dann geht es neben den strukturellen Schutzelementen (Verhaltenskodex, Krisenleitfaden, Partizipations- und Beschwerdesysteme, Qualifizierung ehrenamtlicher und hauptberuflicher Mitarbeitender usw.) in der Kinder- und Jugendarbeit vor allem natürlich um das Engagement junger Menschen für junge Menschen. D. h. es „menschelt", es geht immer auch um Beziehung und Beziehungen. Es geht darum, verlässliche Beziehungen zu ermöglichen, indem Ehrenamtliche und hauptberufliche Mitarbeitende selbst zuverlässig, vertrauenswürdig, wertschätzend und transparent in ihrem Denken und Handeln sind. Zwar können Defizite aus problematischen frühkindlichen Bindungserfahrungen nicht ausgeglichen werden, aber die in der Jugendarbeit verfolgte Stärkung der Persönlichkeit kann deutlich zum Schutz vor Missbrauch beitragen.

Prävention erfordert also nicht, Spezialist*in zu sein; es geht um die kritische Reflexion der Angebote und Themen, aber auch um den Mut zur

---

[1] Deutscher Bundesjugendring (2010): Hintergrundpapier des Deutschen Bundesjugendrings zum Stand der Entwicklung und Umsetzung umfassender Präventionsansätze in der Jugend(verbands)arbeit. https://www.dbjr.de/nationale-jugendpolitik/praevention.html (abgerufen am 24.11.2016).

Prävention. Es geht nicht um Perfektion, sondern darum, im Umgang mit Kindern und Jugendlichen immer wieder Verantwortung für deren Schutz zu übernehmen. Es geht darum, in der Praxis immer noch einen kleinen Schritt weiterzudenken: Was bedeuten präventive Angebote, die in der Praxis durchgeführt werden, für Jungen und Mädchen (mit und ohne Behinderung, mit und ohne Migrationshintergrund, mit und ohne Gewalterfahrungen) mit unterschiedlichen geschlechtlichen Identitäten? Hier sensibel zu sein, ist ein Baustein gelebter Prävention vor Ort in der Praxis der Kinder- und Jugendarbeit.

Das vorliegende Buch soll vor allem Hilfestellung für diejenigen sein, die in der Kinder- und Jugendarbeit tätig sind. Mit den verschiedenen Artikeln sollen zentrale Fragestellungen aufgegriffen und praxisnah bearbeitet werden.

Sensibel sollten Ehrenamtliche und hauptberufliche Mitarbeitende in der Kinder- und Jugendarbeit vor allem auch dann sein, wenn es um Grenzüberschreitungen von Kindern und Jugendlichen geht. So etwas wächst sich nicht von alleine aus. Auch hier sind die Praktiker*innen gefragt. Sie müssen Werte vermitteln, deutlich machen, was ok – und was eben nicht mehr ok ist. **Hier hört der Spaß auf!** Das ist eine Botschaft, die Kinder und Jugendliche auch in diesem Bereich als Orientierung benötigen.

Die Kinder- und Jugendarbeit ist stark geprägt von Spaß und Spiel und das ist auch gut so. Gleichwohl ist es wichtig, sorgsam zu reflektieren, wann wer ausgegrenzt wird, welche Spiele besser nicht mehr gespielt werden sollten (z. B. weil sie zu grenzverletzend sind) und welche Themenfelder denn sinnvoll mit präventiven spielerischen Methoden mit Kindern und Jugendlichen bearbeitet werden können. Grundsätzlich sollte klar sein: (Sexuelle) Grenzverletzungen sind nicht in Ordnung – **das ist kein Spiel mehr!**

Und dort, wo nur wenige Jahre den Unterschied ausmachen, ob jemand Gruppenleiter*in oder Gruppenmitglied ist, gibt es natürlich auch so was: **Liebe. Wenn aus Gruppenleiter*in und Teilnehmer*in ein Paar wird**, überfordert das häufig das Team vor Ort. Geht das? Sollen wir das verbieten? Gut ist es, wenn Heimlichkeiten von gestern sind und Transparenz und Klarheit der Standard bei dieser Frage werden.

Überforderung tritt häufig auch auf bei der Frage des Einflusses und der Wirkung von Pornografie auf Jugendliche. Was ist Aufgabe in der Kinder- und Jugendarbeit, was eben nicht? Wo mache ich mich vielleicht selbst strafbar? Wie kann oder muss ich mit (welcher) Sexualerziehung und Wertevermittlung gegensteuern gegen eine **Generation Porno, oder was?**

Und last but not least taucht regelmäßig die Frage auf **Gefällt mir? Soziale Netzwerke und sexuelle Gewalt** – was ist da Aufgabe und Rolle der Kinder- und Jugendarbeit? Befreunde ich mich mit „meinen Kids" oder lasse ich das lieber? Wieviel Online-Communities muss ich kennen? Wie medienkompetent bin ich selbst? Muss ich das alles jetzt auch nutzen? Was tue ich, wenn meine Kids Sexfotos auf dem Smartphone hin- und herschicken?

Auf diese Fragen aus der Praxis will das vorliegende Buch Antworten geben. **Gar nicht so schwer!** Das ist der Anspruch, dem alle Artikel Rechnung tragen wollen.

Bei allem Engagement und allem Einsatz in Bezug auf das Thema „Schutz vor sexuellem Missbrauch" gilt es immer wieder auch die eigenen Grenzen im Feld der Prävention zu erkennen und ggf. Unterstützung (z. B. durch eine Fachberatungsstelle vor Ort) in Anspruch zu nehmen. Etwa wenn eine Gruppenstunde nach dem Einsatz einer „präventiven" Methode außer Rand und Band gerät, wenn der Verdacht besteht, ein Kind könnte Missbrauch erlebt haben, wenn Jugendliche Hinweise geben, dass sie sich zuhause nicht wohlfühlen und nicht mehr heimgehen wollen, wenn es zu sexuellen Übergriffen durch Jugendliche oder Kinder gegenüber in etwa Gleichaltrigen kommt. Dann braucht es professionelle Begleitung und Antworten auf Fragen, die zum Glück nicht alltäglich, sondern eher die Ausnahme sind.

Und das ist auch gut so! Kinder- und Jugendarbeit soll ja vor allem und in erster Linie eines: Spaß machen, Engagement ermöglichen, Werte spielerisch vermitteln, Selbständigkeit und Beteiligung ermöglichen.

Trotzdem gilt es nicht zu vergessen: Die Verantwortung für den Schutz von Kindern und Jugendlichen vor sexuellem Missbrauch und sexuellen Übergriffen liegt bei den (z.T. noch jungen) Erwachsenen. Sie gestalten die Gesellschaft mit, in der Kinder und Jugendliche aufwachsen und prägen die Strukturen (gerade in der Kinder- und Jugendarbeit), in denen sich diese bewegen.

München, im November 2016

Elke Schmidt

Hier hört der Spaß auf!

Grenzüberschreitungen durch Jugendliche

Sexuelle Übergriffe durch Jugendliche sind in der öffentlichen Debatte der letzten Jahre stetig weiter in den Fokus gerückt. Dabei taucht wiederholt die Frage auf, ob von einer sexuellen Verwahrlosung der Jugend, also einem Werteverfall, oder einem einfach immer da gewesenen Problem gesprochen werden kann, das nur verstärkt wahrgenommen wird.

Fest steht, dass diese Thematik für den Bereich der Jugendarbeit eine besondere Herausforderung darstellt. Gerade in diesem Feld kann viel im Bereich der Prävention von sexuellen Übergriffen durch Jugendliche getan werden.

Der Artikel möchte hauptberuflichen sowie haupt- und ehrenamtlichen Mitarbeiter*innen eine Orientierungshilfe bieten, was sie in ihrer Arbeit mit Jugendlichen machen können, um sexuellen Übergriffen durch Jugendliche vorzubeugen.

In drei Abschnitten wird die Thematik schrittweise erörtert. Dabei bildet der erste Teil mit grundlegenden Fakten und Definitionen eine Basis an Kompaktwissen. Eine Zusammenfassung und Überleitung in die Praxis findet sich im zweiten Abschnitt. Abgeschlossen wird der Beitrag mit Tipps für die Praxis, welche den in der Jugendarbeit Aktiven Hilfestellung und Anregungen für die Prävention von sexuellen Übergriffen durch Jugendliche bieten möchten.

Kompaktwissen

„Sexueller Übergriff eines jugendlichen Täters in drei Fällen."

„Sexueller Übergriff – Jugendclique fällt über zwei Schülerinnen her."

*„Sexuelle Übergriffe im Feriencamp! Die Jugendlichen sollen gegenüber den Betreuer*innen von „Fistings"[1] gesprochen haben, doch die Erwachsenen interpretierten diese Aussagen nicht als Hilferufe."*

---

[1] Mit dem Begriff „Fisting" wird eine Sexualpraktik bezeichnet, bei der mehrere Finger bis hin zu einer oder mehreren Händen in die Scheide oder den Anus eingeführt werden.

Diese und ähnliche Überschriften lassen sich immer wieder in der Tagespresse finden. Trotz dieser medialen Präsenz verharmlosen und bagatellisieren jedoch viele Erwachsene nach wie vor bekannt werdende sexuelle Übergriffe durch Jugendliche. In den meisten Fällen tun sie dies, weil sie sich hilflos und überfordert fühlen und nicht wissen, wie sie sinnvoll darauf reagieren sollen.[2]

Was ist eigentlich normal im Jugendalter?

Verabredungen, gegenseitiges Masturbieren, Küssen, Petting, sexuelle Phantasien und Träume sowie der erste Geschlechtsverkehr zählen im Jugendalter (13 Jahre und ältere Kinder/Jugendliche) zur normalen psychosozialen Sexualentwicklung.[3] Dies kann eine erste Orientierung bieten, um entscheiden zu können, ob es sich um eine normale sexuelle Aktivität unter Jugendlichen handelt oder die Situation als grenzüberschreitend einzuschätzen ist.

Wichtig ist es jedoch auch die Frage zu stellen, welche sexuellen Aktivitäten von Jugendlichen denn im **jeweiligen Setting** der Jugendarbeit einvernehmlicher Art überhaut ok sind und welche nicht? Wann muss eine haupt- oder ehrenamtliche Mitarbeiter*in einschreiten? Küssen am Lagerfeuer - ok? Zusammen in einem Zelt übernachten - ok? Ein Junge macht Koitus-Bewegungen hinter einem Mädchen, das sich gerade über einen Billardtisch beugt - ok?

Ein gemeinsamer Diskurs der verantwortlichen Mitarbeiter*innen, ggf. danach auch gemeinsam mit den Mädchen und Jungen, kann helfen hier Klarheit und Transparenz zu schaffen. Dies bietet den Mitarbeiter*innen eine Sicherheit im Umgang mit den sexuellen Aktivitäten von Jugendlichen und eine Basis, wann eine Intervention notwendig ist bzw. welche Handlungen als grenzüberschreitend eingestuft werden müssen. Bei der Erarbeitung solcher „Dos“ & „Don'ts“ ist es von Bedeutung, gleichgeschlechtliche sexuelle Aktivitäten ebenfalls zu reflektieren. Wenn Knutschen am Lagerfeuer für alle ok ist, dann auch wenn zwei Jungs oder zwei Mädchen

---

[2] Vgl. Rudolf-Jilg, Christine (2010): Eine (hilflose) Jugend zwischen Bushido und Niceguys. Sexuelle Übergriffe unter Jugendlichen. In: AMYNA e. V. (Hrsg.): Prävention geht alle an! München: AMYNA, S. 57.

[3] Vgl. Deegener, Günther (2011): Sexuell grenzverletzendes, aggressives Verhalten von Kindern und Jugendlichen. In: Deegener, Günther; Körner, Wilhelm (Hrsg.): Gewalt und Aggression im Kindes- und Jugendalter. Ursachen, Formen, Interventionen. Weinheim und Basel: Beltz Verlag, S. 303.

knutschen. Hier kann ggf. eine Intervention der Mitarbeiter*innen notwendig sein, um die beiden vor Anfeindungen zu schützen.

Diese Debatte und die dann daraus entstehenden Vereinbarungen („Dos" & „Don'ts") sind zum einen ein wichtiges Signal, dass Jugendarbeit sprachfähig zu dieser Thematik ist, und schafft zum anderen eine Klarheit darüber, was als unangemessen oder grenzverletzend definiert wird. Der Graubereich unangemessenen Verhaltens wird dadurch klarer, und Grenzüberschreitungen können niedrigschwellig thematisiert werden, bevor es eventuell zu (massiven) Formen von Übergriffen kommt.

Definitionen und Formen sexueller Übergriffe durch Jugendliche

Will man sexuelle Übergriffe durch Jugendliche beschreiben, stößt man auf verschiedene Definitionen. Es gilt festzuhalten, dass sexuelle Gewalt durch Jugendliche verschiedene Facetten haben und von leichten Übergriffen bis hin zu massiven Formen sexueller Gewalt reichen kann.[4]

Alle sexuellen Äußerungen und Handlungen gegen den Willen anderer Jugendlicher werden als sexuelle Übergriffe durch Jugendliche bezeichnet. Dabei geht es den sexuell übergriffigen Jugendlichen häufig nicht darum, eigene sexuelle Bedürfnisse zu befriedigen, sondern um das Erleben von Macht, Überlegenheit und Unterwerfung anderer.[5]

Zu sexuellen Übergriffen unter Jugendlichen gehören ...[6]

Delikte ohne Körperkontakt:

- Verbale Belästigungen, sexualisierte Schimpfwörter und Gesten, aufdringliches „Anbaggern",
- Zeigen von Pornografie,
- Obszöne Anrufe,
- Voyeurismus, Exhibitionismus,

[4] Vgl. Schmidt, Elke (2012 a): Sexuelle Grenzverletzungen und sexuelle Gewalt durch Kinder und Jugendliche. Unveröffentlichtes Manuskript.

[5] Vgl. Schmidt, Elke (2012 b): Übergriffe unter Jugendlichen. Hrsg. von Katholischer Landesarbeitsgemeinschaft Kinder- und Jugendschutz Nordrhein-Westfalen e. V. Münster, S. 4-5.

[6] Ebd., S. 5.

- Das Aufnehmen und Verbreiten von intimen Fotos und Filmen ohne Zustimmung der betroffenen Person (auch von sexuellen Übergriffen = Happy Slapping),
- Sexualisiertes Mobbing, d. h. das Schlechtmachen einer anderen Person, v.a. im sexuellen Bereich (im Netz: Cybermobbing),
- Stalking (Belästigen, Verfolgen und Bedrohen einer anderen Person).

Delikte mit Körperkontakt:

- Grapschen, aufgedrängte Küsse,
- Unerwünschte Berührungen an Brust, Po, Genitalbereich, sich reiben an anderen,
- Vergewaltigung (Eindringen in Mund, Scheide oder After mit Penis, Fingern oder Gegenstand),
- Date Rape (sexuelle Gewalt bei einer Verabredung),
- Gang Bang (Gruppenvergewaltigung; der Begriff wird mittlerweile auch für Gruppensex verwendet).

Häufigkeit von sexuellen Übergriffen durch Jugendliche

Bislang liegen wenig verlässliche Daten vor, die Hinweise zu Häufigkeit und Entstehungsbedingungen von sexuell übergriffigem Verhalten von Jugendlichen geben. Es zeichnet sich jedoch ab, dass sowohl bei Jugendlichen wie Kindern die Übergriffe mehrheitlich von Jungen begangen werden.[7] Zu beachten ist, dass der Anteil der Mädchen unter sexuell übergriffigen Jugendlichen höher als der Anteil der Frauen bei sexuell übergriffigen Erwachsenen ist.[8]

Mit Blick in die polizeiliche Kriminalstatistik bleibt festzuhalten, dass (bezogen auf ihren Anteil an der Gesamtbevölkerung) Jugendliche als Tatverdächtige bei Delikten gegen die sexuelle Selbstbestimmung überrepräsentiert sind. Im Jahr 2010 waren 33,5 % aller Tatverdächtigen bezogen auf

[7] Vgl. Allroggen, Marc (2014): Sexualisierte Gewalt durch Jugendliche. Definitionen, Zahlen, Fakten. In: AMYNA e. V. GrenzwertICH (Hrsg.): „War doch nur Spaß…“? Sexuelle Übergriffe durch Jugendliche verhindern. München: AMYNA, S. 12.

[8] Vgl. Schmidt, Elke (2014): Jugend ohne Grenzen? Prävention sexueller Übergriffe im Jugendalter. In: AMYNA e. V. GrenzwertICH (Hrsg.): „War doch nur Spaß…“? Sexuelle Übergriffe durch Jugendliche verhin-dern. München: AMYNA, S. 47.

sexuellen Missbrauch von Kindern (§§ 176, 176a, 176b StGB) jünger als 21 Jahre.[9]

Das leichte Ansteigen von jugendlichen Tatverdächtigen (vgl. polizeiliche Kriminalstatistiken der letzten Jahre) bei Delikten gegen die sexuelle Selbstbestimmung lässt nicht ohne Weiteres auf eine reale Zunahme von Delikten Jugendlicher schließen. Vermutlich handelt es sich vielmehr um eine gesteigerte Anzeigenbereitschaft, die aus einer wachsenden Sensibilität der Gesellschaft gegenüber dem Thema sexueller Missbrauch insgesamt resultiert. Dennoch bieten diese Zahlen einen klaren Auftrag für alle, die mit Kindern und Jugendlichen arbeiten, im Bereich der Prävention von sexuellen Übergriffen durch Jugendliche (weiterhin) konsequent aktiv zu sein.

Abgesehen von den Zahlen aus der polizeilichen Kriminalstatistik gibt es für Deutschland keine verlässlichen Daten zu sexuellen Übergriffen durch Jugendliche. In den letzten Jahren wurden in den USA vermehrt Studien zu dieser Thematik durchgeführt. Auch wenn sich die Ergebnisse nicht eins zu eins auf Deutschland übertragen lassen, so bieten sie dennoch eine Orientierungshilfe, um die Häufigkeit von sexuellen Übergriffen durch Jugendliche einschätzen zu können.

Im Jahr 2009 führten Young et. al. eine Untersuchung mit über 1.000 Schülerinnen und Schülern zwischen 12 und 19 Jahren durch. Zusammengefasst zeigte sich für Schüler der High School, dass etwa 50 % der Mädchen und etwa ein Viertel der Jungen sexuell übergriffiges Verhalten, einschließlich ungewolltes geküsst, umarmt oder angefasst werden, erlebt haben. Ein Viertel der Mädchen mussten sogar schwere sexuelle Übergriffe wie Vergewaltigung oder versuchte Vergewaltigung erleiden. Bei den Jungen erlebten im Gegensatz dazu nur 2 % entsprechend schwere Übergriffe. [...] Obwohl sich sowohl für Jungen als auch für Mädchen hohe Zahlen für das Erleben von sexuell übergriffigem Verhalten zeigten, wies die Bewertung dieses Verhaltens zwischen Jungen und Mädchen erhebliche Unterschiede auf. Über die Hälfte der Jungen gab an, durch dieses Verhalten nicht beeinträchtigt worden zu sein, während dies nur für 15 % der Mädchen zutraf.[10]

---

[9] Vgl. Allroggen, Marc; et. al. (2011): Sexuelle Gewalt unter Kindern und Jugendlichen. Ursachen und Folgen. Eine Expertise der Klinik für Kinder- und Jugendpsychiatrie/Psychotherapie. Universitätsklinikum Ulm, 2. erweiterte Auflage. Ulm, S. 9.

[10] Ebd., S. 15.

Es bleibt anzumerken, dass es sich bei der eigenen Bewertung der fehlenden Beeinträchtigung um eine subjektive Bewertung des jeweiligen Jungen oder Mädchens handelt. Inwieweit durch den erlebten sexuellen Übergriff eine tatsächliche Beeinträchtigung entstand, lässt sich aus dieser Abfrage nicht erschließen.

Sowohl die Zahlen aus der polizeilichen Kriminalstatistik als auch die Hinweise aus der Forschungsarbeit mit verurteilten Sexualstraftätern geben deutliche Hinweise, dass es sich bei sexuellen Übergriffen durch Jugendliche nicht um ein Randphänomen handelt. Vielmehr sind vor allem diejenigen, die Kinder und Jugendliche begleiten, beraten und betreuen, angehalten, vor sexuellen Übergriffen durch Jugendliche nicht die Augen zu verschließen, sondern klar und bestimmt Stellung zu beziehen. Dies ist besonders wichtig, da wir aus der Forschung mit erwachsenen Sexualstraftätern wissen, dass etwa 30-50 % bereits im Jugendalter deviante Interessen oder Handlungen aufwiesen.[11]

Orientierungshilfe zur Einschätzung der Schwere eines Übergriffs

Gerade bei Jugendlichen entstehen häufig aus einvernehmlichen sexuellen Handlungen sexuelle Übergriffe im Überschwang. Dies hat verschiedene individuelle und entwicklungsbedingte Hintergründe, wie beispielsweise eine Unsicherheit in der Kontaktaufnahme. Eine klare Unterscheidung und eine differenzierte Einschätzung der Schwere eines Übergriffs ist jedoch unerlässlich, um adäquate Hilfen für die beteiligten Jugendlichen einleiten zu können.

„Es gehört zur Entwicklungsaufgabe von Jugendlichen zu lernen, dass Einvernehmlichkeit die Voraussetzung für sexuelle Handlungen mit anderen ist."[12] Haupt- und ehrenamtliche Mitarbeiter*innen in der Jugendarbeit können hier eine Orientierungshilfe geben und müssen klare Signale setzen und intervenieren, wenn sie Kenntnis von Grenzverletzungen und Übergriffen erhalten.[13]

---

[11] Vgl. Deegener, Günther (1998): Kindesmissbrauch erkennen - helfen - vorbeugen. Weinheim und Basel: Belz Verlag, S. 75.

[12] Schmidt, Elke (2014): a. a. O., S. 48.

[13] Ebd., S. 48.

Im Folgenden werden zwei Perspektiven erläutert. Zunächst geht es darum, den Hilfebedarf der Opfer zu erfassen. Auch jugendliche Tatverdächtige haben einen Hilfebedarf, der in einem zweiten Schritt erörtert wird. Der jeweilige Hilfebedarf sollte getrennt voneinander analysiert werden.

Eine mögliche Orientierungshilfe für den Hilfebedarf der Betroffenen können folgende Kriterien bieten:[14]

- Subjektives Erleben der oder des bedrohten bzw. verletzten Kindes oder Jugendlichen,
- Schwere und Nachhaltigkeit des für den/die Betroffene(n) drohenden Schadens für die weitere Entwicklung und Gesundheit.

Die Summe der vorliegenden Kriterien bietet einen Hinweis auf die Schwere des Übergriffs. Als besonders schwere Tat gilt der sexuelle Missbrauch von Kindern (§ 176 StGB) durch Jugendliche. Diese Kriterien geben einen Hinweis auf den Hilfebedarf des jugendlichen Tatverdächtigen.

- Größe des Unterschieds in Alter und Entwicklungsstand (je größer die Differenz, desto schwerwiegender),
- Beziehung zwischen Opfer und Täter*in (je weniger eng die Beziehung ist, desto unangemessener),
- Intensität und Häufigkeit des sexuellen Übergriffs,
- Art der Handlung (Delikt mit oder ohne Körperkontakt; altersgerechtes Verhalten etc.),
- Einsatz von Manipulation, Druck, körperlicher Gewalt, Verabreichen von Substanzen (K.O.-Tropfen), die das Leisten von Widerstand erschweren oder ganz unmöglich machen,
- Vorhandensein von zwanghaftem sexuellem Verhalten, sadistischen oder symbolischen Handlungen oder Ritualen,
- Fantasien des Täters oder der Täterin im Vorlauf des sexuellen Übergriffs.

Zu beachten ist, dass Jugendliche ab dem Alter von 14 Jahren bereits strafmündig sind. Je nach Schwere des Übergriffs können Jugendliche

[14] Vgl. Schmidt, Elke (2012 b): a. a. O., S. 6.

also auch im Sinne der Straftaten gegen die sexuelle Selbstbestimmung (§ 176 ff. StGB) verurteilt werden.

Ein reines Aufsummieren der Kriterien würde zu kurz greifen, kann aber als grobe Faustregel eine erste Orientierung bieten: Je mehr belastende Kriterien auf einen Übergriff zutreffen, desto schwerwiegender ist dieser zu bewerten.[15]

Eine möglichst präzise Einschätzung des Vorgefallenen ist für alle beteiligten bzw. betroffenen Jugendlichen von hoher Bedeutung. Betroffene Jugendliche brauchen adäquate Hilfestellungen, um den oder die/den erlebten Übergiff(e) verarbeiten zu können. Das deviante Verhalten der grenzverletzenden Jugendlichen erfordert eine klare Intervention, die es ihnen ermöglicht, den Weg abweichenden Sexualverhaltens wieder zu verlassen.[16]

Warum tun Jugendliche sowas? – Hintergründe und Risikofaktoren

„So wenig es DEN sexuell übergriffigen Jugendlichen gibt, gibt es DIE Erklärung für sexuelle Übergriffe."[17]

Zugrunde gelegt werden muss, dass sexuelle Übergriffe durch Jugendliche sich nicht eindimensional begründen lassen. Es geht vielmehr um ein Zusammenspiel verschiedener Einflüsse und Risikofaktoren, die sexuelle Übergriffe begünstigen[18]:

Individuelle Faktoren:

— *Selbst erlebter sexueller Missbrauch*

  Wenn Kinder oder Jugendliche selbst Opfer von sexueller Gewalt wurden, kann dies auch ein Risikofaktor dafür sein, sich selbst aggressiv grenzverletzend zu verhalten. Jedoch wäre es falsch zu denken, dass jede/r von sexuellem Missbrauch betroffene/r Jugendliche sexuell übergriffiges Verhalten zeigt. Es scheint vielmehr entscheidend zu sein, inwieweit der/die Jugendliche Unterstützung erhält, diese(s) Erlebnis(se) zu bewältigen. Hierbei spielt vermutlich die Unterstützung

---

[15] Vgl. Schmidt, Elke (2014): a .a. O., S. 49.

[16] Vgl. Rudolf-Jilg, Christine (2010): a .a .O., S. 71.

[17] Schmidt, Elke (2012 a): a .a .O.

[18] Vgl. ebd.

durch nahe Bezugspersonen, zum Beispiel die Eltern, eine entscheidende Rolle.

— *Soziale Unsicherheiten*

Ein geringes Selbstwertgefühl, mangelnde Impulskontrolle[19] oder auch sehr wenig Kontakt zu Gleichaltrigen können individuelle Faktoren sein, aufgrund derer Jugendliche delinquentes Verhalten zeigen.

— *Unsichere Bindungserfahrungen*

Wiederholte Beziehungsabbrüche oder auch sehr unsichere, unverlässlich erlebte Beziehungsmuster können einen weiteren Risikofaktor darstellen. Eine sexualisierte Familienatmosphäre oder auch (feindselige) Vorstellungen von Rollenbildern zählen dabei als weitere Belastungsfaktoren.

Entwicklungsbedingte Faktoren:

— *Erhöhtes Problem- und Risikoverhalten*

Die Zeit der Jugend ist die Zeit des Ausprobierens und Endeckens. In dieser Lebensphase zeigen Jugendliche vermehrt ein erhöhtes Problem- und Risikoverhalten. Es geht darum Grenzen auszutesten, und an einigen Stellen ist es auch eine Art Mutprobe, diese zu überschreiten.

— *Die Peergroup (Gleichaltrigengruppe) als starke Einflussgröße*

Das Erwachsenwerden ist geprägt von einem sehr starken Einfluss der Gleichaltrigen. So wird in der Gruppe definiert, was „cool" oder total „out" ist und welche Verhaltensweisen „voll normal" sind. Gerade in Bezug auf Fragen wie Alkohol- und Drogenkonsum, Regelverletzungen, Gewalt, dem Konsum von Pornografie oder dem Zeitpunkt erster sexueller Erfahrungen werden hier Haltungen definiert. Hinzu kommt, dass bei gemeinsamen Unternehmungen oft die Macht der Gruppe eine eigene Dynamik entwickelt, die individuelle Entscheidungen untergräbt. Der Sog der Gruppenhandlung bringt Jugendliche dazu, mehr oder weniger freiwillig, bei Zwangsküssen, Strippen, gemeinsam Masturbieren, Gang Bang oder Ähnlichem mitzumachen. Schließlich

---

[19] Gefühle und Bedürfnisse können noch nicht aufgeschoben werden und bedürfen einer sofortigen Befriedigung. Dies kann sich positiv äußern, indem diese Jugendlichen ihre Freude äußern, ob es passend ist oder nicht, oder aber auch die Grenzen Anderer verletzen, weil sie noch nicht gelernt haben, Gefühle und Bedürfnisse Anderer ausreichend wahrzunehmen.

wollen die wenigsten Jugendlichen von der Gruppe als „Looser“ oder „Weichei“ bezeichnet werden.

— *Unsicherheiten in der Kontaktaufnahme*

„Wie spreche ich sie/ihn nur am besten an?“ Diese Frage beschäftigt viele Jugendliche. Aus Unsicherheit gleicht dann diese erste Ansprache leider oft einer „blöden Anmache“ statt einem freundlich gezeigten Interesse.

— *Viele erste Male*

Zum ersten Mal verliebt, zum ersten Mal geküsst, zum ersten Mal eine feste Beziehung, ... Jugendliche erleben auf dem Weg zum Erwachsenwerden viele erste Male. Die Neugierde darauf, all diese Erfahrungen machen zu wollen, geht jedoch häufig mit einer Unsicherheit einher, wieweit sie wirklich gehen wollen. Eine uneindeutige Kommunikation ist mehrfach der „Ausweg“ aus diesem Dilemma und ist ein vielfacher Grund für sexuelle Grenzüberschreitungen in Teenagerbeziehungen.

Gesellschaftliche Faktoren:

— *Sexuell übergriffiges Verhalten als gesellschaftlich „salonfähig“*

Sei es in Texten von sogenannten Pornorappern oder auch in verschiedenen Sendeformaten: Die Medien vermitteln zahlreiche Beispiele für grenzverletzendes sexuelles Handeln. Sogenannte gescriptete Reality-Formate bilden für Jugendliche bei ihrem Medienkonsum eine starke Einflussgröße. Die hier stattfindende Vermischung von Drehbuch und realer „echter“ Darstellung von Tatsachen ist für Jugendliche kaum mehr zu durchblicken. Dies macht es für Jugendliche umso schwerer, zwischen der fiktiven Darstellung von frauenfeindlichen und zum Teil gewaltverherrlichenden Haltungen und dem realen gesellschaftlich akzeptierten Verhalten zu differenzieren.

— *Zugang zu Pornografie*

Durch den wachsenden Einfluss von Medien, insbesondere des (mobilen) Internets in unserem Alltag, ist auch der Zugang zu Pornografie für Jugendliche leichter denn je. Selbst wenn Jugendliche den dort gezeigten Inhalten und Rollenbildern kritisch gegenüberstehen, kann doch durchaus davon ausgegangen werden, dass exzessiver Konsum von Pornografie die Vorstellungen und Einstellungen zu Sexualität negativ beeinflussen.[20]

Interventionsmöglichkeiten bei sexuellen Übergriffen

Unabhängig von der Schwere des Übergriffes ist eine Intervention auf jeden Fall erforderlich. Dabei geht die Verantwortung in verschiedene Richtungen.

Für den Umgang mit Jugendlichen, die von sexuellen Übergriffen durch andere Jugendliche betroffen sind, gelten prinzipiell die gleichen Regeln, wie wenn es sich um einen Übergriff durch eine erwachsene Person handelt. Es geht in erster Linie darum, Ruhe zu bewahren, dem/der Jugendlichen zuzuhören und sie/ihn ernst zu nehmen mit dem, was er/sie berichtet.

Als Anlaufstelle für Betroffene, aber auch als Beratungsmöglichkeit für haupt- oder ehrenamtliche Mitarbeiter*innen stehen unter anderem die Fachberatungsstellen bei sexueller Gewalt zur Verfügung.[21]

Gegenüber den Jugendlichen, die sexuelle Übergriffe verübt haben, gibt es ebenso einen deutlichen Handlungsbedarf. Diese Jugendliche brauchen eine klare Intervention. Es ist der Auftrag der haupt- oder ehrenamtlichen Mitarbeiter*innen, deutlich gegen dieses Verhalten Stellung zu beziehen. Je nach Schwere des Übergriffs sollten hier verschiedene Interventionsmaßnahmen abgewogen werden. Dabei ist entscheidend, dass Jugendliche das Unrecht ihres Handelns einsehen. Dies ist eine Grundvoraussetzung, damit eine Verhaltensänderung stattfinden kann.

Das Beratungsangebot für sexuell übergriffige Jugendliche wird durch die zunehmende Sensibilität der Gesellschaft immer weiter ausgebaut. Hier gibt es Hilfs- und Informationsmöglichkeiten bei den Fachberatungsstellen sexueller Gewalt oder im örtlichen Jugendamt.

Das sexuell übergriffige Verhalten eines Jugendlichen kann im Einzelfall auch durch eine Kindeswohlgefährdung ausgelöst worden sein (z. B. selbst erlebter Missbrauch, Vernachlässigung oder ähnliches). Wenn Fachkräfte, beispielsweise in ihrer Tätigkeit im Jugendzentrum, dem Schutzauftrag bei Kindeswohlgefährdung gemäß § 8a SGB VIII unterlie-

---

[20] Weitere Informationen zur Thematik finden sich im Artikel „Generation Porno, oder was?" in diesem Buch.

[21] AMYNA – GrenzwertICH unterstützt mit seinem Beratungsangebot, sexuelle Übergriffe durch Jugendliche zu erkennen und angemessen und sicher darauf zu reagieren.

gen, haben sie daher die Verantwortung auch diesbezüglich entsprechend tätig zu werden. Ein klares Einschreiten und das Setzen von Grenzen in der jeweiligen konkreten Situation wird dadurch nicht obsolet.[22]

Zusammenfassung

Sexuelle Übergriffe durch Jugendliche sind kein neues gesellschaftliches Phänomen, sondern werden aufgrund der allgemeinen höheren Sensibilität für die Thematik des sexuellen Missbrauchs deutlicher wahrgenommen.

Festzuhalten gilt, dass es verschiedene Faktoren und Gründe gibt, warum Jugendliche sexuell übergriffiges Verhalten zeigen und hier nicht eindeutig von DEM/DER sexuell übergriffigen Jugendlichen oder DEM klassischen Übergriff gesprochen werden kann. Sowohl die Gründe als auch die Formen sexueller Übergriffe durch Jugendliche sind vielfältig.

Kar jedoch ist, dass sich sexuell übergriffiges Verhalten von Jugendlichen nicht einfach auswächst und auch nicht als jugendlicher Überschwang abgetan werden kann.

Es ist die Aufgabe von denjenigen, die Jugendliche beraten, betreuen oder begleiten, zum einen für deren Schutz zu sorgen, und zum anderen klar Stellung zu beziehen und zu intervenieren, wenn sie mit Jugendlichen zu tun haben, die sexuell grenzverletzendes Verhalten zeigen.

Wichtig hierbei ist eine möglichst exakte Einschätzung der Problematik, damit adäquate Hilfsmöglichkeiten für Betroffene und sexuell übergriffige Jugendliche eingeleitet werden können.

Im Bereich der Prävention sexueller Übergriffe haben Mitarbeiter*innen der Jugendarbeit vielfältige Möglichkeiten aktiv zu werden und sexuelle Übergriffe durch Jugendliche zu verhindern. Diese Möglichkeiten werden im folgenden Abschnitt genauer beleuchtet.

---

[22] Vgl. Schmidt, Elke (2014): a. a. O., S. 65.

Tipps für die Prävention von sexuellen Übergriffen durch Jugendliche

Grundsätze der Präventionsarbeit

Prävention ist keine Eintagsfliege! Wie auch bei der Prävention von sexuellem Missbrauch im Allgemeinen geht es bei der Prävention von sexuellen Übergriffen durch Jugendliche immer darum, Prävention langfristig und effektiv als festen Bestandteil des (pädagogischen) Handelns zu verankern. Ein Projekt zwischen Weihnachten und Ostern erbringt nicht die notwendige Nachhaltigkeit. Es geht hier in erster Linie um eine klare (Erziehungs-)Haltung der verantwortlichen Mitarbeiter*innen. In einigen Verhaltenskodizes, die in den letzten Jahren im Bereich der Jugendarbeit entwickelt wurden, ist häufig der Satz zu finden: „Wir beziehen gegen sexistisches und diskriminierendes Verhalten aktiv Stellung ...". Solche Formulierungen sind sozusagen eine Reaktion auf ein nicht gewünschtes Verhalten im Bereich der Jugendarbeit. Sinnvoll ist es präventiv und partizipativ, also gemeinsam mit den Jugendlichen, zu überlegen, wie sie sich einen grenzenachtenden Umgang miteinander vorstellen und wie dieser erkennbar ist. Dieser Schritt kann helfen, Grenzüberschreitungen erkennbar zu machen und Aufdeckung erleichtern.

Der Missbrauchsskandal 2010 hat die gesellschaftliche Aufmerksamkeit für präventive Arbeit deutlich verändert. Sexuelle Gewalt durch gleichaltrige Jugendliche wird dennoch häufig als Randthema bearbeitet. Es bleibt zu hoffen, dass die präventive Arbeit in Institutionen auch bei Grenzüberschreitungen durch Jugendliche greift. Damit dies gelingt, ist es wichtig, dass diese Thematik bei der Implementierung von strukturellen Präventionsmaßnahmen entsprechend aufgegriffen wird.[23]

Prävention von sexuellen Übergriffen durch Jugendliche sollte immer zum Ziel haben, die Wahrscheinlichkeit für Jugendliche, einen sexuellen Übergriff erleben zu müssen, zu verringern. Im Falle eines Übergriffs sollten adäquate Hilfsmöglichkeiten zur Verfügung stehen.[24]

---

[23] Vgl. ebd., S. 56.

[24] Vgl. Rudolf-Jilg, Christine (2010): a. a. O., S. 60.

Ansatzpunkte für die Qualifikation von Mitarbeiter*innen

Die Mitarbeiter*innen (egal, ob haupt- oder ehrenamtlich) in der Jugendarbeit tragen die Verantwortung für die Prävention von sexuellen Übergriffen durch Jugendliche.

Damit sie dieser Verantwortung gut nachkommen können, brauchen Mitarbeiter*innen verschiedene Hilfestellungen:

— *Klare Informationen zur Thematik*

  Um Mythen oder kursierende Fantasien zu sexuellen Übergriffen durch Jugendliche zu minimieren und das Bewusstsein von Mitarbeiter*innen zu schärfen, ist es unerlässlich, Informationen zu Daten und Fakten zu vermitteln.

— *Leitlinien zum Umgang mit sexuellen Übergriffen durch Jugendliche*

  Sensibilität alleine reicht nicht aus. Ehrenamtliche wie hauptberufliche/hauptamtliche Mitarbeiter*innen brauchen klare Orientierungshilfen, was erlaubt ist und was nicht. Konkrete Schutzvereinbarungen für besondere Situationen der Nähe (z. B. Zeltlager o. ä.) können diesen Mitarbeiter*innen eine Hilfestellung bieten, um adäquat handeln zu können. Ein Beispiel für eine konkrete Schutzvereinbarung wäre die Regel: „Mädchen und Jungen duschen getrennt, wenn möglich und gewünscht auch in einzelnen Kabinen." Diese Maßnahmen wirken auch für potenziell übergriffige Jugendliche präventiv, da ein klares Signal gegeben wird, welches Verhalten erwünscht und welches unerwünscht ist.

— *Möglichkeiten der Entwicklung einer präventiven (Erziehungs-)Haltung*

  Eine präventive (Erziehungs-)Haltung fällt nicht vom Himmel; Mitarbeiter*innen brauchen daher immer wieder Gelegenheiten, an konkreten Situationen gemeinsam mit Kolleg*innen ihre Empfindungen und Haltungen zu einem angemessenen Nähe und Distanz-Verhältnis zu reflektieren. Nur durch die Möglichkeiten des Austauschs und der kollegialen Beratung oder Supervision kann eine (Erziehungs-)Haltung entwickelt werden, bei der Mitarbeiter*innen ihre persönlichen Haltungen kritisch reflektieren. Mythen („Das Mädchen ist selbst schuld, wenn sie sich so aufreizend kleidet") oder mangelndes verinnerlichtes Wissen („Das verwächst sich noch") sind keine adäquaten Reaktionen auf übergriffiges Verhalten und ersticken jeden Versuch der Aufdeckung im Keim.

– *Reflexion traditioneller Rollenklischees*

  Jugendliche brauchen Entwicklungs- und Erfahrungsräume für die Ausbildung einer Persönlichkeit und geschlechtlichen Identität. Damit haupt- und ehrenamtliche Mitarbeiter*innen dies möglichst gut unterstützen können, sollten sie kritisch gesellschaftliche und persönliche Rollenbilder hinterfragen. Dies ist die Grundlage für eine geschlechtsrollenöffnende Arbeit. Traditionelle Rollenklischees wirken begünstigend auf die Ausübung von sexueller Gewalt. Dieser Tatsache sollte im Sinne der Prävention entgegengewirkt werden.[25]

Ansatzpunkte für die Arbeit mit Jugendlichen

Prävention von sexuellen Übergriffen durch Jugendliche sollte im Alltag der Jugendarbeit verankert werden.

Mögliche Ansatzpunkte und Ideen, die Thematik aufzugreifen, bieten die Risikofaktoren und Hintergründe, warum Jugendliche sexuell übergriffiges Verhalten zeigen. Es gilt sozusagen diesen Erkenntnissen präventive Ideen entgegenzustellen. Auch hier geht es nicht darum, „das Rad neu zu erfinden“, sondern das Bewusstsein für die jetzt schon vorhandene präventive Wirkung der Jugendarbeit zu stärken und Ideen zu entwickeln, diese zu intensivieren.

Im Folgenden sollen anhand der verschiedenen Risikofaktoren die Möglichkeiten der Prävention aufgezeigt werden. Diese Liste hat keinen Anspruch auf Vollständigkeit, sondern soll Mitarbeiter*innen in der Jugendarbeit Anregungen und Ansatzpunkte zum Weiterdenken ermöglichen.

– *Selbst erlebter sexueller Missbrauch*

  Kinder und Jugendliche brauchen Hilfestellungen zur Bewältigung dieser Erlebnisse. Vertrauenspersonen sind im Bereich der Jugendarbeit mittlerweile weit verbreitet. Sie können erste Anlaufstellen für Jugendliche sein, wenn diese von sexueller Gewalt betroffen sind, und Hilfestellungen bei der Vermittlung von professionellen Unterstützungsmöglichkeiten (z. B. Kontakt zu Fachberatungsstellen) leisten.

[25] Vgl. Schmidt, Elke (2014): a.a.O., S. 59.

— *Soziale Unsicherheiten*

Jugendarbeit bietet Jugendlichen eine Vielzahl von Möglichkeiten, soziale Unsicherheiten ab- und Selbstvertrauen aufzubauen. Die Angebote der Mitbestimmung oder der Gestaltung und Planung von Aktivitäten und Aktionen können für Jugendliche gute Räume sein, mit Gleichaltrigen in Kontakt zu kommen und eine Steigerung des Selbstwertgefühls, z. B. durch den gelungenen Abschluss einer Aktion, zu erreichen. Auftrag der Mitarbeiter*innen in der Jugendarbeit sollte es hierbei sein, immer wieder darauf zu achten, dass ALLE zum Zug kommen und nicht nur die lautesten und dominantesten Jugendlichen das Wirken bestimmen.

— *Unsichere Bindungserfahrungen*

Unverlässlich erlebte Beziehungsmuster sind ein Risikofaktor, warum es zu sexuellen Übergriffen durch Jugendliche kommen kann. Jugendarbeit bietet auch hier vielfältige Angebote, in denen Jugendliche Beziehungen als gefestigt und tragfähig wahrnehmen können. Gerade im Angebot der regelmäßig stattfindenden Gruppenstunden können Jugendliche dies erfahren. Gruppenleiter*innen sind regelmäßig und verlässlich für einen klar definierten Zeitraum in der Woche Ansprechpartner*innen und sie gestalten gemeinsam mit den Jugendlichen attraktive Aktionen und Stunden. Oft entwickeln sich Gruppenleiter*innen im Laufe der Zeit zu engen Bezugspersonen oder gar Vertrauten der Jugendlichen. Wichtiger Auftrag für die meist ehrenamtlichen Gruppenleiter*innen ist es, hier immer wieder klar Stellung zu beziehen, was im Sinne dieser Beziehungen geleistet werden kann und was nicht, bzw. wo die Grenzen liegen. Dies ist nötig, damit keine falschen Hoffnungen entstehen und dies möglicherweise als ein wiederholtes unverlässliches Beziehungsmuster von den Jugendlichen wahrgenommen wird. Nicht nur in Gruppenstunden, die meist durch ehrenamtliche Leitungspersonen gestaltet werden, auch in der offenen Jugendarbeit gibt es einige Ansatzpunkte für die Erfahrung von tragfähigen Beziehungen. Pädagogische Fachkräfte in Jugendzentren beispielsweise sind nicht nur als personales Angebot zu sehen, welches den offenen kontinuierlichen Betrieb sicherstellt. Sie sind wichtige Bezugspersonen für Mädchen und Jungen. Dieses Erlebnis einer sicheren, klaren Bindungserfahrung kann eine Prävention in Richtung Täter*innenschaft sein; stabile Bindungen sind aber auch der Boden, der die Aufdeckung von Übergriffen erleichtern kann.

— *Erhöhtes Problem- und Risikoverhalten*

Ausprobieren und Entdecken gehört zur Lebensphase des Erwachsenwerdens dazu, ebenso wie ein vermehrt auftretendes Problem- und Risikoverhalten von Jugendlichen. Im Sinne der Prävention sollte hier vor allem an der Wahrnehmung eigener Grenzen und der Grenzen Anderer gearbeitet werden. Erlebnispädagogische Übungen oder auch Vertrauens- oder Wahrnehmungsübungen eignen sich immer wieder dafür, diese Grenzen zu spüren und zu reflektieren. Die Reflexion des Erlebten in der Übung und der Transfer in den Alltag der Jugendlichen bildet dabei ein Schlüsselelement für die Nachhaltigkeit des Angebotes.

— *Die Peergroup als starke Einflussgröße*

Was ist „in" und was ist „out"? Was ist „cool" und was „geht gar nicht"? Diese Fragen werden besonders im Laufe des Erwachsenwerdens stark von der Peergroup beeinflusst. Hier bietet die Jugendarbeit vielfältige Möglichkeiten, bestehende Meinungen und Haltungen kritisch zu hinterfragen und ggf. zu korrigieren. Mitarbeiter*innen sind gefordert, gerade in Alltagssituationen und Gesprächen Meinungen von Jugendlichen aufzugreifen und sich als Diskussionspartner*innen zur Verfügung zu stellen. Jugendliche brauchen eine Orientierungshilfe, um immer wieder den Sog der Gruppendynamik reflektieren zu können. Genau diese Peer-Dynamiken und die damit verbundenen Gefühle von Macht und Druck sollten in der Jugendarbeit aufgegriffen werden. Haupt- und ehrenamtliche Mitarbeiter*innen sind gefordert, gemeinsam mit den Jugendlichen auch Handlungsmöglichkeiten zu entwickeln, wie Jugendliche diese Dynamiken durchbrechen können („Was kannst Du tun, wenn die Gruppe „Kekswichsen" spielen will, Du aber aussteigen möchtest?").

— *Unsicherheiten in der Kontaktaufnahme*

Sexistische Anmachen nerven, aber wie sieht eine gelungene Kontaktaufnahme mit ihm/ihr aus? Diese Frage beschäftigt viele Jugendliche im Rahmen des Erwachsenwerdens. Hier brauchen Jugendliche Vorbilder und Hilfestellungen, damit die erste Ansprache gelingt und vom Gegenüber nicht als „blöde Anmache" wahrgenommen wird.

Im Rahmen der Jugendarbeit können hier Flirt-Tipps oder die „besten Anmachsprüche" erarbeitet oder ausgetauscht werden.

— *Viele erste Male*

Jugendliche erleben auf ihrem Weg zum Erwachsenwerden viele erste Male. Der erste Kuss, das erste Verliebtsein, die erste feste Beziehung usw. Neugierde, aber auch Unsicherheit prägen diese Lebensphase. Auch hier brauchen Jugendliche eine Orientierungshilfe und Unterstützung. Jugendarbeit kann Räume eröffnen, eindeutige Kommunikation und die Kommunikationsentschlüsselung des Gegenübers einzuüben, damit mit „ja" auch „ja" gemeint ist und ein „nein" auch eindeutig als „nein" wahrgenommen werden kann.

— *Sexuell übergriffiges Verhalten als gesellschaftlich „salonfähig"*

Mediale und gesellschaftliche Einflüsse prägen die Haltungen und Einstellungen von Jugendlichen. Auftrag der Jugendarbeit ist es, die vermittelten Stereotype und Rollenklischees gemeinsam mit den Jugendlichen immer wieder kritisch zu hinterfragen. Dies kann anhand von Sendeformaten („Berlin Tag und Nacht sucht Germanys Next Topmodel") oder auch an Songtexten oder Darstellungen in Werbung und Printmedien reflektiert werden.

Wichtig ist es hierbei, Jugendliche in der Entwicklung von Medienkompetenz zu fördern. Gerade die Kompetenz zur Entschlüsselung von Fiktion und Realität scheint hierbei wesentlich zu sein.

— *Zugang zur Pornografie*

Den heutzutage leichteren Zugang zur Pornografie kann auch die Jugendarbeit nicht ändern. Hier ist es Auftrag, auf der Grundlage von klaren Werten und Normen die dort gezeigten Stereotype zu hinterfragen („die Frau, die immer willig ist, sexuell aktiv zu sein"; „der Mann, der immer kann ..."). Ziel wäre es, dass Jugendliche Handlungsalternativen kennenlernen, wie gelungene sexuelle Interaktion aussehen kann. Eine umfassende emanzipatorische Sexualerziehung stellt hierbei eine wesentliche Grundlage dar.[26] Jugendarbeit ist aufgefordert, ihre Möglichkeiten von sexualpädagogischen Angeboten zu prüfen.

[26] Vgl. Rudolf-Jilg, Christine (2010): a. a. O., S. 61.

Einige Worte zum Schluss ...

Auch im Bereich der Prävention von sexuellen Übergriffen durch Jugendliche brauchen haupt- und ehrenamtliche Mitarbeiter*innen in der Jugendarbeit einen langen Atem. Hier gilt das Motto: „Schritt für Schritt zu mehr Schutz von Jugendlichen vor sexuellen Übergriffen!“. Dabei sollte Prävention nicht als „Spaßbremse“ gelten, sondern Mitarbeiter*innen stehen vor der spannenden Herausforderung, eine Balance zwischen Information und Möglichkeiten des Trainings zu bieten, die zum Schutz vor Übergriffen dienen, und der Offenheit dem Jugendalter gegenüber, in dem Risikoverhalten und Ausprobieren oftmals eben einfach zum Alltag gehören. Statt des „erhobenen Zeigefingers“ dient häufig eine interessierte Anteilnahme als Schlüssel für eine förderliche Präventionsarbeit.[27]

[27] Vgl. ebd., S. 67.

Literatur

- Allroggen, Marc (2014): Sexualisierte Gewalt durch Jugendliche. Definitionen, Zahlen, Fakten. In: AMYNA e. V. GrenzwertICH (Hrsg.): „War doch nur Spaß…“? Sexuelle Übergriffe durch Jugendliche verhindern. München: AMYNA.
- Allroggen, Marc; Spröber, Nina; Rau, Thea; Fegert, Jörg (2011): Sexuelle Gewalt unter Kindern und Jugendlichen. Ursachen und Folgen. Eine Expertise der Klinik für Kinder- und Jugendpsychiatrie/Psychotherapie. Universitätsklinikum Ulm, 2. erweiterte Auflage. Ulm.
- Deegener, Günther (2011): Sexuell grenzverletzendes, aggressives Verhalten von Kindern und Jugendlichen. In: Deegener, Günther; Körner, Wilhelm (Hrsg.): Gewalt und Aggression im Kindes- und Jugendalter. Ursachen, Formen, Interventionen. Weinheim und Basel: Beltz Verlag.
- Deegener, Günther (1998): Kindesmissbrauch erkennen - helfen - vorbeugen. Weinheim und Basel: Beltz Verlag.
- Rudolf-Jilg, Christine (2010): Eine (hilflose) Jugend zwischen Bushido und Niceguys. Sexuelle Übergriffe unter Jugendlichen. In: AMYNA e. V. (Hrsg.): Prävention geht alle an! München: AMYNA, S. 57-75.
- Schmidt, Elke (2014): Jugend ohne Grenzen? Prävention sexueller Übergriffe im Jugendalter. In: AMYNA e. V. GrenzwertICH (Hrsg.): „War doch nur Spaß…“? Sexuelle Übergriffe durch Jugendliche verhindern. München: AMYNA.
- Schmidt, Elke (2012 a): Sexuelle Grenzverletzungen und sexuelle Gewalt durch Kinder und Jugendliche. Unveröffentlichtes Manuskript.
- Schmidt, Elke (2012 b): Übergriffe unter Jugendlichen. Hrsg. von Katholische Landesarbeitsgemeinschaft Kinder- und Jugendschutz Nordrhein-Westfalen e. V. Münster.

Das ist kein Spiel mehr!

Grundzüge der Spielpädagogik und Möglichkeiten der Prävention von sexueller Gewalt in der Jugendarbeit

Unbestritten ist die Methode des Spiels ein wesentliches Element der Jugendarbeit. Keine Gruppenleiter*innen-Schulung kommt ohne eine Einheit zum Thema Spielpädagogik aus. Nach dem Grundsatz: „Spiel ist Spaß und Spaß ist ansteckend“ wird die Methode des Spiels in vielfältiger Weise und aus unterschiedlichen Gründen in der Jugendverbandsarbeit, aber auch in der offenen Jugendarbeit eingesetzt.

Aber ist Spiel nur Spaß? Oder anders gefragt, gibt es Grenzen, die auch hier unbedingt beachtet werden sollten? Spiele wie „Strip-Poker in der Gruppenstunde“, „Halb-Drei-Uhr-Spiele“ oder Spiele wie „Kiss & Fight“, „Kartenblasen“ oder ähnliche Spiele nehmen die bewusste Grenzüberschreitung in Kauf.

Blickt man auf die Bemühungen im Bereich der Jugendarbeit zur Prävention von sexueller Gewalt, kann der Eindruck gewonnen werden, dass die Thematik für die Jugendarbeit zwar ein Leitgedanke ist, aber an einigen Stellen in der praktischen „Alltagsarbeit“ nicht immer ihre Übersetzung findet.

Der vorliegende Artikel möchte dazu beitragen diese Lücke zu schließen und haupt- und ehrenamtlichen Mitarbeiter*innen der Jugendarbeit eine Orientierungshilfe bieten.

Spiel und Spielpädagogik – Ein Definitionsversuch

In der Entwicklungspsychologie finden sich verschiedene Erklärungen und Definitionen des Spiels. Die Konstruktion einer anderen Realität scheint ebenso ein Merkmal zu sein wie die Tatsache, dass sich bei einem gemeinsamen Spiel die verschiedenen Akteure auch auf einen gemeinsamen Handlungsrahmen einigen müssen. Einigkeit herrscht darin, dass Spielen eine entwicklungsfördernde Wirkung hat und dazu beiträgt, u. a. die Sensorik und Motorik eines Menschen zu formen.[1]

[1] Vgl. Völkel, Petra (2011): Spiel. In: Deutscher Verein für öffentliche und private Fürsorge e. V. (Hrsg.): Fachlexikon der sozialen Arbeit. 7. völlig überarbeitete und aktualisierte Auflage. Baden-Baden, S. 860.

Gerade im Kindesalter kann das Spiel einen wichtigen Beitrag zur Lebensbewältigung leisten. Im Spiel können Wünsche illusionär verwirklicht werden und somit der Sozialdruck verarbeitet werden. Das Spiel dient hier als Technik, da andere Möglichkeiten der Lebensbewältigung zum Teil noch nicht zur Verfügung stehen.[2]

Gespielt wird aber nicht nur im Kindesalter. Auch für Spielen im Erwachsenenalter lassen sich verschiedene Erklärungen finden. Die Funktionen des Spiels im Erwachsenenalter sind beispielsweise die mentale Hygiene, die Bewahrung der kindlichen Spielhaltung oder auch die Möglichkeit zum Ausdruck von Spannungsverhältnissen. Der Erfolg im Spiel kann auch noch im Erwachsenenalter die Funktion einer stellvertretenden Lebensbewältigung einnehmen. So soll der Erfolg im Spiel, beispielsweise beim Kartenspiel, den fehlenden Erfolg im Leben allgemein kompensieren.[3]

Die Spielpädagogik begreift das Spiel als Methode, die einen Rahmen für Selbstbestimmung, Erfahrung, Reflexion, Muße und Glück bietet. Der sinnvolle Einsatz von Spielen und die Grenzen einer pädagogisch angeleiteten Spielerfahrung stellen die Eckpfeiler der Spielpädagogik dar. Dort, wo die Spielwelt von Kindern und Jugendlichen pädagogisch gestaltet wird, meist durch einen institutionellen Rahmen, findet Spielpädagogik statt.[4]

Die Bedeutung des Spiels in der Jugendarbeit

Sei es als Warming Up, als Programmpunkt in der Gruppenstunde oder als Spielbus-Tagesaktion im Rahmen eines Ferienprogramms, gespielt wird in der Jugendarbeit in vielfältiger Weise. Das Spiel hat einen zentralen Stellenwert in der Jugendarbeit, der sich aus dem engen Verhältnis mit deren Kennzeichen und Strukturmerkmalen ergibt.[5]

---

[2] Vgl. Oerter, Rolf (2006): Spielend leben lernen. In: Juventa Verlag GmbH (Hrsg.): Deutsche Jugend. Zeitschrift für die Jugendarbeit. 54. Jahrgang, Heft 7/8. Weinheim, S. 333.

[3] Vgl. ebd., S. 337.

[4] Vgl. Knecht, Gerhard (2011): Spielpädagogik. In: Deutscher Verein für öffentliche und private Fürsorge e. V. (Hrsg.): Fachlexikon der sozialen Arbeit. 7. völlig überarbeitete und aktualisierte Auflage. Baden-Baden, S. 861.

[5] Vgl. Nick, Peter (2004): Spaß, Spannung und Abwechslung – Das Spiel als Methode der Kinder- und Jugend(verbands)arbeit. In: Bayerischer Jugendring: Jugend Nachrichten 6/2004. München.

Jugendarbeit zeichnet sich durch Merkmale wie der Freiwilligkeit der Teilnahme, der Selbstorganisation, den Prinzipien der Ehrenamtlichkeit und der Gruppenorientierung aus und findet im Freizeitbereich von Kindern und Jugendlichen statt. Neben einer Vielzahl von Methoden und einer Fülle verschiedener inhaltlicher Schwerpunkte ist sie geprägt durch ein bedürfnisorientiertes und erfahrungsorientiertes Handeln mit dem Ziel des sozialen und politischen Lernens. Der Freizeitbereich von Kindern und Jugendlichen, dort wo auch die Jugendarbeit stattfindet, ist wiederum weitgehend durch Spielen bestimmt.[6] Aufgrund dieses Zusammenhangs ist es logisch, dass die Jugendarbeit oft und gerne die Methode des Spiels zur Vermittlung ihrer Ziele einsetzt.

Innere und äußere Wirklichkeit können im Spiel in einen Bezug gebracht werden. Dieses Zusammenbringen von Realitäten stellt ein zentrales Element der Identitätsentwicklung dar und spielt in der Jugendphase eine ganz wesentliche Rolle. Für das Experimentieren mit (sozialen) Rollen bietet das Spiel einen idealen (Frei-)Raum. So kann zum Beispiel in dieser Form eine Distanzierung von sozialen und gesellschaftlichen Realitätsvorstellungen eingeübt werden.

Jugendarbeit bietet vielfältige Möglichkeiten, Kinder und Jugendliche durch den Einsatz von Spielen in ihren Entwicklungsaufgaben zu unterstützen.[7] Die richtige Wahl von Art und Zeitpunkt des Spiels erfordert jedoch von Mitarbeiter*innen der Jugendarbeit umfassende Kenntnisse, unter anderem aus den Bereichen Gruppendynamik, Führen & Leiten sowie entwicklungspsychologischer Grundlagen. Diese Aspekte werden im folgenden Abschnitt beleuchtet.

Das ist kein Spiel mehr! – Grenzen des Spiels in der Jugendarbeit

Auch wenn massive Gewaltrituale in der Praxis der Jugendarbeit eine Ausnahme sind, gilt es trotzdem immer wieder die etablierte Tradition und Kultur der Jugendarbeit kritisch auch im Hinblick auf tradierte Spiele zu hinterfragen und zu reflektieren.

Gerade an Stellen, an denen unreflektiert alte Traditionen fortgeführt werden, kann es vorkommen, dass auch ehrenamtliche Betreuer*innen im

[6] Vgl. ebd.

[7] Vgl. ebd.

Rahmen von Mutproben oder Ritualen psychische, körperliche und sexuelle Gewalt verüben, die ansonsten kein gewalttätiges Verhalten zeigen.[8]

Bezogen auf die Spielpädagogik heißt dies vor allem im Blick zu haben, WAS, WANN und zu welchem ZWECK gespielt wird. Um an dieser Stelle den Diskurs greifbarer zu machen, soll im Folgenden anhand verschiedener Spiele erklärt werden, wo sich aus Sicht der Prävention von sexueller Gewalt die Problematik verbirgt.

Strip-Poker, Kiss & Fight oder Kartenblasen

Beschreibung der Spiele:

- „Strip-Poker" stellt eine abgewandelte Form des Poker-Spiels dar, wobei es sich beim Einsatz jeweils um Kleidungsstücke handelt.
- Beim Spiel „Kiss & Fight" stehen alle Spieler*innen im Kreis. JedeR hat eine Nummer. In der Mitte steht eine Person, die zwei beliebige Zahlen nennt. Ziel des Spieles ist es nun, dass die Person, die zuerst genannt wird, die zweitgenannte Person küsst. Die zweitgenannte Person wiederum versucht, die Person in der Mitte zu küssen. Der/die „Verlierer*in" muss im Anschluss in die Mitte und das Spiel beginnt von neuem.
- Beim Spiel „Kartenblasen" stehen alle Teilnehmer*innen im Kreis. Eine Spielkarte wird allein durch Ansaugen mit dem Mund von einer/einem Spieler*in zum nächsten weitergegeben.

Problematik, die sich aus Sicht der Prävention von sexueller Gewalt ergibt:

- Bei allen drei Spielbeschreibungen handelt es sich um Spiele, die eine extrem sexualisierte Atmosphäre schaffen, sei es durch das Ausziehen beim „Strip-Poker" oder auch durch das vermeintlich zufällige Küssen beim „Kartenblasen". Hier werden Grenzen der Intimsphäre einzelner Beteiligter ohne Rücksichtnahme unter Umständen maßlos überschritten.
- Die Grenzüberschreitung ist hier gewollt einkalkuliert und die Teilnehmer*innen werden dieser „selbstverständlich" ausgesetzt. Dies kann zur Folge haben, dass sich bei Teilnehmer*innen (insbesondere

[8] Vgl. Enders, Ursula; et. al. (2012): Das ist niemals witzig! Gewaltrituale in Jugend- und Sportverbänden. In: Enders, Ursula (Hrsg.): Grenzen achten. Schutz vor sexuellem Missbrauch in Institutionen. Köln: Kiepenheuer & Witsch, S. 161.

bei jüngeren) der Eindruck verstetigt, dass dieses Verhalten erlaubt oder gar normal ist. Es kann also durch solche Spiele zu einer Verschiebung von individuellen Grenzen kommen.

— Spiele mit einer solch sexualisierten Atmosphäre, kombiniert mit der unreflektierten Akzeptanz von Grenzüberschreitungen, werden von pädosexuellen Täter*innen bewusst zur systematischen Desensibilisierung von Kindern, Jugendlichen und Mitarbeiter*innen (egal ob haupt- oder ehrenamtlich) gegenüber sexuellen Grenzverletzungen genutzt. Sie bieten für Täter und Täterinnen also eine ideale Basis für sogenannte „Testrituale“ bei ihrer strategischen Opfersuche.[9]

Brazln oder Arschbolzen

Beschreibung der Spiele:

— „Brazln“ ist ein Kartenspiel, bei dem der oder die Verlierer*in nach einem vorgegebenen Schema systematisch gequält wird. Der/die Verlierer*in legt dazu die Handfläche auf den Tisch und die Gewinner*innen beginnen mit der „Bestrafung“. Jede Farbe der gespielten Karten steht dabei für eine andere Qual (z. B. Karo für einen Schlag mit der Faust, Herz für Zwicken in den Handrücken, ...).

— „Arschbolzen“ oder auch „Aufpumpen“ genannt ist ein Ballspiel, das besonders aus Jungengruppen bekannt ist. Dabei steht eine Person mit dem Rücken zu den anderen Mitspieler*innen und beugt den Oberkörper nach vorne. Die anderen Mitspieler*innen versuchen, mit einem Fußball den Po der Person zu treffen. Verloren hat der/die Mitspieler*in, der/die den Po nicht trifft. Zur Strafe wird er/sie zum neuen Zielobjekt.

Problematik, die sich aus Sicht der Prävention von sexueller Gewalt ergibt:

— Beide beschriebenen Spiele haben das Ziel, eine Person systematisch zu erniedrigen. Der vermeintliche Spaß der Gruppe wird dabei durch die Qual einer einzelnen Person erreicht. Dabei entsteht ein Machtgefälle zwischen der einzelnen Person und der Gruppe, die für den/die Einzelnen quasi unbeeinflussbar erscheint.

— Die Härte der „Strafe“ ist in diesen Kontexten maßgeblich abhängig von der Beliebtheit des Opfers in der Gruppe. Auch die steigende

[9] Vgl. ebd., S. 170.

körperliche und seelische Not der Opfer (z. B. Anschwellen von Handrücken oder Po; schmerzverzerrtes Gesicht und/oder Weinen) wird systematisch ausgeblendet und übergangen.

— Spiele, die eine solch erniedrigende Komponente gegenüber einzelnen Personen beinhalten, sind höchst problematisch! Sie legitimieren quasi auf spielerische Art und Weise das Ausüben psychischer und seelischer Gewalt und erlauben die Verschiebung von persönlichen, aber auch allgemeinen Grenzen. Für die Opfer solcher Spiele ist es so gut wie unmöglich, aus einem solchen Spiel auszusteigen; der Druck der Gruppe ist meist zu hoch, um NEIN-Sagen zu können („Jetzt sei nicht so ein Weichei! Das tut doch gar nicht weh!").

Halb-Drei-Uhr-Spiele

Beschreibung:

Vor allem von Gruppenleiter*innenausbildungen ist dieses Phänomen bekannt. Häufig wird hier nachts um halb drei (oder zu einem ähnlichen Zeitpunkt nach Mitternacht) eine Spieleeinheit mit verschiedenen Gruppenspielen angeboten.

Problematik, die sich aus Sicht der Prävention von sexueller Gewalt ergibt:

— Wer Jugendlichen unter 18 Jahren nachts um halb drei Spieleeinheiten anbietet oder diese nicht unterbindet, verstößt grob gegen die ihm/ihr übertragene Fürsorgepflicht für die Teilnehmer*innen.

— Wenn die Verantwortlichen nicht für den Schutz der ihnen Anvertrauten sorgen, können sich bei den Jugendlichen Grenzen verschieben: „Das scheint wohl ok zu sein". Das Erlebnis fehlender Fürsorge kann auch auf andere Thematiken übertragen werden, zum Beispiel auf den Schutz vor sexuellen Grenzüberschreitungen („Das brauch ich eh nicht sagen, da passiert dann sowieso nix!").

— Sind diese Spieleeinheiten verboten, finden aber trotzdem statt, und gibt es keine Intervention von Seiten der Verantwortlichen, führt dies unter Umständen auch zu einer extrem problematischen Situation. Es entsteht ein Bereich der Geheimhaltung und Intransparenz. Die Verheimlichung kann dazu genutzt werden, dass in diesem Kontext Spiele mit extrem grenzüberschreitendem Charakter (siehe Beispiele oben) gespielt werden. Neben dem kritischen Zeitpunkt umfasst diese Form des Spiels also auch noch weitere Gefährdungsrisiken.

Die aufgezählten Spiele und die damit zusammenhängenden Problematiken haben keinen Anspruch auf Vollständigkeit. Sie sollen an dieser Stelle exemplarisch dazu dienen, für Zusammenhänge zwischen Spielpädagogik und Prävention von sexuellem Missbrauch zu sensibilisieren. Klar ist, dass nicht in allen Bereichen der Jugendarbeit diese Spielpraxis zum Alltag gehört, dennoch an der einen oder anderen Stelle immer wieder vorkommt.

Aufnahmerituale & Mutproben

Auch wenn Mutproben oder ähnliche Formen von Gewaltanwendungen niemals witzig sind, gibt es immer wieder Berichte von sogenannten „Pfahl-Spielen". Dabei werden die neuen Teilnehmer*innen einer Gruppe mit Klebeband oder Ähnlichem an einer Bank gefesselt und von Freunden und Betreuer*innen gequält. Diese Rituale haben häufig die Funktion den „Neulingen" das Gefühl zu vermitteln einer „exklusiven", „geschlossenen" Gruppe anzugehören. In gemischtgeschlechtlichen Gruppen finden solche Aufnahmerituale seltener statt als in Jungengruppen.[10]

Die Berichte zu Aufnahmeritualen und Mutproben sind vor allem aus dem Kontext der verbandlichen Jugendarbeit bekannt. Mitarbeiter*innen aus der Jugendarbeit wird grundsätzlich eine hohe Bereitschaft zur Übernahme von Verantwortung im Sinne des Kindeswohls zugeschrieben. Umso erschütternder und undenkbarer wirken die Informationen, dass in einzelnen Jugendverbänden Gewaltrituale praktiziert werden.[11] Diese Erkenntnis ist ein deutliches Signal, die Reflexionsfähigkeit von (ehrenamtlichen) Mitarbeiter*innen besser zu schulen. Es gilt, die Denkprozesse „das war schon so, als ich jung war und hat mir auch nicht geschadet ..." tiefgreifend in Frage zu stellen. Darüber hinaus brauchen Kinder Informationen, welche Rechte sie haben und wer ihre Ansprechpartner*innen sind, wenn Spiele passieren, die ihnen Angst machen.

---

[10] Vgl. ebd., S. 167 ff.

[11] Vgl. ebd., S. 179.

Zusammenfassung

In der Jugendarbeit wird viel gespielt und das ist gut so! Das Spiel erfüllt dabei diverse positive (Lern-)Effekte. Auch ist die Jugendarbeit prinzipiell sensibilisiert für den Bereich der Prävention von sexueller Gewalt. Der Themenbereich ist beispielsweise bereits seit 2007 in Bayern als Qualitätsstandard in der Ausbildung von Gruppenleiter*innen durch einen Beschluss des Hauptausschusses des Bayerischen Jugendrings verankert. Auch in den Qualitätskriterien zur Jugendleiter*innen-Card (Juleica), dem bundesweit einheitlichen Ausweis für ehrenamtliche Mitarbeiter*innen in der Jugendarbeit, ist die Thematik festgeschrieben. Jedoch fehlt an einigen Stellen das Bewusstsein, dass die Prävention von sexueller Gewalt nicht nur strukturell bearbeitet sein, sondern auch als Querschnittsthema in die Jugendarbeit integriert werden muss. Prävention geht alle an! Sie sollte auch als fester Bestandteil (pädagogischen) Handelns in der Jugendarbeit verstanden werden. Es geht darum, die alltägliche Arbeit, übliche Rituale und die Methoden, so zum Beispiel auch die gespielten Spiele, nach Kriterien der Prävention zu beleuchten und gegebenenfalls kritisch zu hinterfragen. Die genannten Beispiele von Spielen mit grenzüberschreitendem Charakter geben einen deutlichen Hinweis, warum diese Entwicklung dringend notwendig ist.

Allgemeine Hinweise zum präventionssensiblen Einsatz von Spielen in der Jugendarbeit

Grenzen definieren!

Mitarbeiter*innen in der Jugendarbeit brauchen verschiedene Grundlageninformationen, um Grenzen definieren zu können und vor allem die Logik der (vielleicht schon vorhandenen) Regeln und Grenzen zu erkennen.

Dabei scheinen folgende Themenbereiche entscheidend zu sein.

Grundlagen der Entwicklungspsychologie

Das Wissen über die Entwicklungsphasen von Kindern und Jugendlichen ist eine wichtige Komponente, damit Mitarbeiter*innen (egal, ob haupt- oder ehrenamtlich) in der Lage sind, ein bedarfsgerechtes Programm zusammenzustellen. Bezogen auf die Spielpädagogik geht es hier um die Kompetenz analysieren zu können, inwieweit das Spiel für die jeweilige Zielgruppe geeignet ist. Leitfrage zur Auswahl von Spielen mit dem Blick auf die Entwicklungspsychologie sollte sein: „Passt das Spiel zum Alter und Entwicklungsstand der Teilnehmer*innen?“

Grundlagen der Gruppendynamik

Wer kennt sie nicht, die berühmten Gruppenphasen. Egal, auf welche Theorie sich berufen wird, festzuhalten gilt: Wenn eine Gruppe zusammenkommt, durchläuft sie mehr oder weniger intensiv verschiedene Stadien. Die dort entstehenden Dynamiken sind Chance und Risiko zugleich und bieten vor allem für die Verantwortlichen verschiedene Herausforderungen. Je nach Phase ist es schwieriger für den/die Einzelne*n seine/ihre individuellen Bedürfnisse einzufordern, und je nach Phase hat der/die Verantwortliche eine dominantere Rolle. Leitfrage zur Auswahl von Spielen mit dem Blick auf die Gruppendynamik sollte sein: „In welcher Gruppenphase befindet sich meine Gruppe und ist das Spiel geeignet für diese Phase?“

Motivation des/der Verantwortlichen

Die Motivation des/der Verantwortlichen bildet eine entscheidende Rolle, was in einer Gruppe passiert und auch, was gespielt wird und was nicht. In der Regel hat der/die Verantwortliche nicht nur eine besondere, sondern auch eine sehr einflussreiche Rolle auf das Gruppengeschehen. Dies bedeutet in der Konsequenz, dass auch seine/ihre Motivation die Aktivitäten der Gruppe tongebend leiten können. Die Auswahl an vorgeschlagenen Handlungsmöglichkeiten von Seiten des/der Verantwortlichen wird maßgeblich von dessen/deren Motivation beeinflusst sein. Aber Vorsicht: Nicht alles, was Verantwortliche cool oder lustig finden, ist auch gut und geeignet für die jeweilige Gruppe, mit der gespielt wird. Leitfrage zur Auswahl von Spielen mit dem Blick auf die Motivation des/der Verantwortlichen sollte sein: „Ist das mein Bedürfnis bzw. mein Interesse oder entspricht es dem Bedürfnis der Gruppe?“

Reflexion

Die Möglichkeit, verschiedene Situationen zu reflektieren, scheint genauso wie die Fähigkeit der Reflexion ein entscheidender Baustein für einen grenzenachtenden Umgang zu sein, nicht nur im Bereich der Spielpädagogik. Spiele können neben Funktionen wie „Spaß erleben in der Gruppe“ oder „Warming up“ vielfältige Funktionen haben. Pädagogisch angeleitete Spielerfahrungen bieten Teilnehmer*innen unter Umständen die Möglichkeit zum Ausdruck von Spannungsverhältnissen oder haben die Aufgabe der stellvertretenden Lebensbewältigung. Dieser Auftrag gelingt allerdings nur, wenn auch die Möglichkeit der Reflexion besteht und diese Phase der Reflexion auch von den Verantwortlichen gewinnbringend gestaltet wird. Als dienlich kann die Phase der Reflexion dann gewertet werden, wenn es gelingt, die Erfahrungen und Emotionen des Spiels zu verarbeiten und Lernkonsequenzen für den Alltag daraus zu gewinnen. Leitfragen zur Auswahl von Spielen mit dem Blick auf den Aspekt der Reflexion sollte sein: „Welche Emotionen und Erfahrungen können die Teilnehmer*innen vermutlich aus diesem Spiel gewinnen? Braucht es eine Möglichkeit der Reflexion und wie kann diese gestaltet werden?"

Ausbildung von Gruppenleiter*innen

Vor allem der Bereich der Jugendverbandsarbeit ist geprägt von vielen, vielen Ehrenamtlichen, die aktiv diesen Bereich gestalten. Die Gruppenstunde als Kernelement der Jugendverbandsarbeit wird dabei so gut wie ausschließlich von ehrenamtlichen Gruppenleiter*innen geleitet. Das bedeutet in der Konsequenz auch wiederkehrend einen Blickpunkt auf die Ausbildung von Gruppenleiter*innen zu werfen, damit diese die verantwortungsvolle Aufgabe gut übernehmen können. Dabei geht es sicherlich auch immer wieder um die Frage, wie viel Professionalität benötigt wird, um diesen „Job" gut machen zu können, und inwieweit nicht einfach auch genau die Komponente, dass hier Laien das Handeln bestimmen, ein wesentliches und gewinnbringendes Merkmal der Jugendverbandsarbeit darstellt.

Aus dem Blickpunkt der Prävention von sexueller Gewalt sollte der Leitspruch gelten: „Laien ja, aber bitte keine Amateure." Das heißt, wenn Ehrenamtliche als Gruppenleiter*innen aktiv werden wollen, sollten sie auf jeden Fall eine geeignete Ausbildung durchlaufen! Das Angebot von Gruppenleiter*innen-Schulungen ist vielfältig. Dabei sollten die Qualitätsstandards zur bundesweit einheitlichen Jugendleiter*innen-Card (Juleica) ebenso wie die lokal geltenden Bestimmungen, beispielsweise die Qualitätsstandards des Bayerischen Jugendrings zur Ausbildung von Jugendleiter*innen, als Mindeststandard gelten.

Prävention von sexueller Gewalt ist hier ein Bestandteil. Wie in der Zusammenfassung bereits erwähnt, konnten schon Erfolge im Bezug auf die Sensibilisierung der Jugendarbeit in den letzten Jahren erreicht werden. Um die Prävention von sexueller Gewalt in der Jugendarbeit nachhaltig zu verstärken, scheint es elementar zu sein, den Themenbereich Prävention von sexueller Gewalt nicht nur als eine Einheit der Gruppenleiter*innen-Ausbildung wahrzunehmen, in der Basisinformationen zu sexuellem

Missbrauch vermittelt werden. Diese bilden sicherlich die Grundlage der Sensibilisierung, jedoch bleibt die Frage offen, inwieweit es gelingt zu vermitteln, was diese Zahlen und Fakten mit dem Alltagsgeschehen der Jugendarbeit zu tun haben.

Damit dieser Schritt gelingt, hier nochmals der nachdrückliche Hinweis, den Themenbereich Prävention von sexueller Gewalt auch als Querschnittsthema der Gruppenleiter*innen-Ausbildung zu verstehen. Es geht natürlich darum, Zahlen und Daten als Basiswissen zu vermitteln, aber es ist auch die Kunst, eine präventive (pädagogische) Grundhaltung zu entwickeln, die ein grenzenachtendes Verhalten von allen in der Jugendarbeit Aktiven fordert. Egal, ob bei der Vermittlung von Leitungskompetenz, dem Themenbereich Planung und Durchführung von Aktivitäten oder eben der Methodenkompetenz, zu der auch die Spielpädagogik zählt, es sollte eine dauerhafte Herausforderung sein, immer wieder eine Brücke zu bauen zwischen der Prävention von sexueller Gewalt und diesen Themenbereichen.

Spiele als Methode präventiver Arbeit

Angebote, die sich direkt an Kinder und Jugendliche wenden, haben in der Präventionsarbeit eine lange Tradition. Sie dienen meist in erster Linie dazu, Kinder und Jugendliche zu stärken, um dadurch die Wahrscheinlichkeit eines sexuellen Missbrauchs zu verringern.

Für diese sogenannten kindzentrierten Präventionsangebote stehen eine Vielzahl von Methoden und Materialien wie beispielsweise Bücher, Selbstbehauptungskurse oder Theaterstücke zur Verfügung. Mit Blick auf die Wirkung dieser Angebote gilt festzuhalten, dass Kinder Präventionsbotschaften besser aufnehmen, wenn die Maßnahmen langfristig angelegt sind. Vor allem, wenn die Mädchen und Jungen sich aktiv beteiligen können, sind die deutlichsten Effekte nachgewiesen.[12]

Spiele, die präventiv wirken sollen, sind meist keine neu erfundene Kategorie, sondern bilden eine Zusammenstellung von Selbsterfahrungs-, Vertrauens- und sexualpädagogischen Spielen.

---

[12] Vgl. Kindler, Heinz, & Schmidt-Nadasi, Daniela (2011): Wirksamkeit von Maßnahmen zur Prävention und Intervention im Fall sexueller Gewalt gegen Kinder. Herausgegeben von AMYNA e. V. DJI: München, S. 53 ff.

Themenbereiche der präventiven Spielpädagogik

Prävention umfasst verschiedene Facetten, und so sind Spiele aus verschiedenen Themenbereichen für eine präventive Spielpädagogik denkbar:

- Gefühle
- Grenzen (eigene & die der Anderen)
- Empathiefähigkeit fördern
- Nähe & Distanz
- Freundschaft, verliebt sein, Liebe
- Geschlechterrollen
- „Anders sein ist normal" - Vielfalt (in allen Bereichen)

Die Grenzen dieser Angebote sind jedoch deutlich[13]:

- Das Machtungleichgewicht zwischen Kindern und Erwachsenen bleibt immer vorhanden.
- Die Vielfalt von Wegen und Formen von sexuellen Übergriffen kann nie ganz erfasst werden.
- Nicht alle Kinder können gleichermaßen mit Präventionsangeboten erreicht werden.

Damit kindzentrierte Angebote als Ergänzung zu allgemeinen Präventionsbemühungen gewinnbringend in die Jugendarbeit eingebunden werden können, gilt es einige Grundsätze zu beachten.

Kein Kind kann sich alleine schützen!

Die Verantwortung für den Schutz von Kindern und Jugendlichen liegt bei den zuständigen Mitarbeiter*innen, egal ob ehren- oder hauptamtlich. Das bedeutet für den Einsatz von Präventionsspielen, dass diese lediglich ein ergänzendes Puzzlestück sein können zur eigentlichen Präventionsarbeit. Damit Präventionsspiele ihre positive Wirkung entfalten können, ist es wichtig, dass sie in ein umfassendes Präventionskonzept eingebettet sind und nicht zusammenhangslos gespielt werden. Wenn Präventionsspiele ohne die Einbettung in ein Gesamtkonzept gespielt werden, kann

---

[13] Vgl. Kindler, Heinz (2015): Prävention von sexuellem Missbrauch - Möglichkeiten und Grenzen. In: Fegert, Jörg; et al. (Hrsg.): Sexueller Missbrauch von Kindern und Jugendlichen. Ein Handbuch zur Prävention und Intervention für Fachkräfte im medizinischen, psychotherapeutischen und pädagogischen Bereich. Berlin Heidelberg: Springer-Verlag, S. 352-360.

dies nicht nur keine, sondern unter Umständen sogar eine negative Wirkung auf die Teilnehmer*innen haben. Grundlage für den Erfolg ist, dass Teilnehmer*innen nicht nur sensibilisiert werden, sondern kompetente Ansprechpartner*innen für ihre Fragen, Emotionen und Erlebnisse finden. Präventionsspiele können Kinder und Jugendliche ermutigen, erlebten sexuellen Missbrauch oder andere Formen von (sexueller) Gewalt aufzudecken. Deshalb ist es wichtig, die Schutzfähigkeit von ehren- und hauptamtlichen Mitarbeiter*innen in der Jugendarbeit zu stärken. Es ist bekannt, dass die Bereitschaft von Mitarbeiter*innen steigt, bei Hinweisen auf sexuelle Übergriffe gegenüber Mädchen und Jungen unterstützend tätig zu werden, wenn sie entsprechende Präventionsveranstaltungen besucht haben.[14]

Kompetenzen der Spielleitung

Der Einsatz von Präventionsspielen ist eine spezielle Herausforderung für eine ehrenamtliche Spielleitung und erfordert besondere Kompetenzen. Grundlage, um erfolgreich Präventionsspiele anleiten zu können, ist eine reflektierte eigene Haltung zu den Themen Identität, Beziehungen, Sexualität etc. Alle Spiele sollten vorher ausprobiert werden und in der Vorbereitung sollte die Spielleitung sich folgende Fragen stellen[15]:

- Wie würde es mir gehen, wenn ich an der Übung teilnehmen sollte?
- Wie ist meine eigene Haltung zu den behandelten Themen?
- Wie ist mein Verhältnis zu den Kindern und Jugendlichen, mit denen ich spielen will?

---

[14] Vgl. Kindler, Heinz (2014): Wirkungen, Nebenwirkungen und ungelöste Probleme bei der Prävention von sexueller Gewalt gegen Kinder und Jugendliche. In: Böllert, Karin; Wazlawik, Martin (Hrsg.): Sexualisierte Gewalt. Institutionelle und professionelle Herausforderungen. Berlin und Heidelberg: Springer-Verlag, S.82.

[15] Pfeiffer, Zara; Mayer, Marina (2012): Zum Einsatz von Methoden... Herausforderungen und Fallstricke beim Einsatz von Methoden in der Sexualerziehung und zur Prävention sexueller Gewalt in der (teil-)stationären Jugendhilfe. Unveröffentlichtes Manuskript.

Spielregeln setzen

Ein sicherer Rahmen und eine vertrauens- und respektvolle Atmosphäre sind Grundlage für den erfolgreichen Einsatz von Präventionsspielen. Es sollten dazu gemeinsame Regeln vereinbart werden.[16] Hier einige Beispiele:

- Alle dürfen ausreden.
- Bei Wortbeiträgen gilt: ICH-Form statt WIR oder MAN.
- Unterschiedliche Meinungen sind erlaubt.
- Niemand wird ausgelacht.
- Respektvoller Umgang mit den Inhalten innerhalb und außerhalb des Raumes bzw. dieser Gruppe.
- Die Teilnahme an den Übungen ist freiwillig und ein Ausstieg ist jederzeit erlaubt. Die Teilnehmer*innen achten auf ihre persönlichen Grenzen.

Vorbereitung einer Präventions-Spieleeinheit

Die Vorbereitung einer Präventions-Spieleeinheit hat im Vergleich zu einer „normalen“ Spieleeinheit eine noch wichtigere Funktion. Es braucht nicht nur Zeit für die persönliche Reflexion und die Auswahl der richtigen Methoden. Eine zeitige Vorbereitung und auch die Kommunikation des Vorhabens an die Teilnehmer*innen sind wichtig, damit sie nicht von dieser Planung überrumpelt werden. Der Ablauf sollte mit den Jugendlichen besprochen werden; dies gilt insbesondere für Spiele, die einen Kontrollverlust (z. B. geschlossene Augen) beinhalten, da diese bei Kindern oder Jugendlichen traumatische Erfahrungen reaktivieren können.

Zusammenfassend kann also festgehalten werden, dass Präventionsspiele als Ergänzung zu einem umfassenden Präventionskonzept eine sinnvolle und gewinnbringende Wirkung entfalten können. Eine gute Vorbereitung der Spielleitung ist dabei ebenso entscheidend wie die Vorbereitung der Teilnehmer*innen auf die Spieleinheit.

---

[16] Vgl. ebd.

Verhalten in Krisen und schwierigen Situationen – traumasensible Spielpädagogik

Die intensive Auseinandersetzung mit dem Thema „Prävention von sexuellem Missbrauch“ kann bei einzelnen Teilnehmer*innen starke Gefühle auslösen. Auch kann es vorkommen, dass sich Teilnehmer*innen in der Gruppe befinden, die eigene sexuelle Gewalterfahrungen haben. Es ist Aufgabe der Spielleitung, sich auf solche Situationen vorzubereiten. Rudimentäre Kenntnisse in der Krisenintervention helfen, „getriggerte“[17] Teilnehmer*innen im „Hier & Jetzt“ zu verankern; im Zweifelsfall muss unverzüglich ein Arzt hinzugezogen werden. Daher sollte genau überlegt werden, welche Spiele angeboten werden können und wo die persönlichen Grenzen liegen. Bereits im Vorfeld sollte sich die Spielleitung darüber informieren, wo sie selbst (professionelle) Unterstützung erhalten kann und an welche Stellen sie gegebenenfalls Betroffene weiterverweisen kann.[18]

Neben grundlegenden Kenntnissen der Intervention ist es sinnvoll schon im Vorhinein zu überlegen, wie Spielsituationen möglichst klar und transparent gestaltet werden können; dies kann für traumatisierte Kinder und Jugendliche als haltgebende und orientierende Struktur einen Rahmen definieren.[19] Es kann nicht ausgeschlossen werden, dass sich unter den Teilnehmer*innen Mädchen und Jungen befinden, die massive (sexuelle) Gewalterfahrungen gemacht haben, die für sie ein traumatisierendes Erlebnis waren.

Deshalb ist es sinnvoll, Grundsätze einer traumasensiblen Präventionsarbeit auch bei Spielangeboten zu beachten.

Was für traumatisierte Mädchen und Jungen schwierig sein kann ...

Die erlebte massive Grenzüberschreitung kann bei Kindern und Jugendlichen zur Folge haben, dass die eigenen Grenzen ebenso wie die Grenzen anderer verschwimmen oder ganz verloren gehen. Für traumatisierte

---

[17] Der Begriff „triggern“ beschreibt den Zustand, in den Personen, die von sexuellem Missbrauch (oder anderen erlebten Krisensituationen) betroffen sind, zurückfallen. Sie sind dann temporär in der Erlebniswelt der Krisensituation verhaftet.

[18] Vgl. Bayerischer Jugendring (2004): Prävention vor sexueller Gewalt in der Kinder- und Jugendarbeit. Grundlagen und Methoden präventiver Arbeit. Baustein 3. München: BJR, S 44.

[19] Vgl. Siegmann, Astrid; Dlugosch, Sandra (2012): Halt geben und Achtsamkeit fördern. Prävention für traumatisierte Mädchen und Jungen. Unveröffentlichtes Manuskript.

Mädchen und Jungen ist es häufig schwierig zu entscheiden, was ein angemessenes Nähe- und Distanzverhältnis ist.[20]

Generell sind Phantasiereisen, welcher Form und welchen Inhalts auch immer, für den Einsatz mit Traumatisierten nicht geeignet. Es besteht eine hohe Gefahr, dass bei den Mädchen und Jungen unerwünschte Bilder und Erinnerungen und damit Flashbacks ausgelöst werden können.[21]

Ein weiterer Aspekt, der für traumatisierte Kinder und Jugendliche schwierig werden kann, ist das Thema des Selbstschutzes von Mädchen und Jungen vor sexueller Gewalt, wenn beispielsweise Präventionsangebote Methoden der Selbstverteidigung beinhalten. Dies kann Gedanken bei den Betroffenen manifestieren, versagt zu haben, selbst schuldig am sexuellen Übergriff zu sein bzw. diesen aktiv verhindern hätten zu können.[22]

Diese Gesichtspunkte machen deutlich, dass neben einem grundlegenden Verständnis eines grenzenachtenden Umgangs innerhalb der verschiedenen Felder der Jugendarbeit es sich begünstigend auf Sinn und Zweck von Spielangeboten auswirkt, im Vorhinein einige Punkte zu bedenken und zu beachten.

Tipps für Spielleiter*innen

Leite nur Spiele an, die Du selber schon gespielt hast!

Um die Dynamik eines Spiels richtig einschätzen zu können, ist es meist besser, selbst schon mal erlebt zu haben, wie es sich anfühlt im Spielgeschehen. Dies erleichtert die Einschätzung, ob dieses Spiel für die Gruppe, den Zeitpunkt, den Rahmen, das Ziel etc. geeignet ist oder nicht. Aber Achtung: Die Erlebniswelt von Menschen ist unterschiedlich; nur weil es selbst Spaß gemacht hat, heißt es nicht, dass dieses Spiel auch allen zukünftigen Teilnehmer*innen Spaß machen muss.

Bette Spieleinheiten transparent in den Tagesablauf ein und plane Pausen

So entsteht für Mädchen und Jungen eine unverfängliche Gelegenheit, ggf. Einzelgespräche in vertraulicher Atmosphäre zu führen und (wenn gewollt) von Grenzverletzungen oder sexuellen Übergriffen zu berichten.

---

[20] Vgl. ebd.

[21] Vgl. ebd.

[22] Vgl. ebd.

Mit Blick auf die Gesamtgruppe ist es wichtig, Opfer von sexueller Gewalt nicht in der Kinder- bzw. Jugendlichengruppe zu outen.[23]

Spiel ist Spaß und Spaß ist ansteckend!

Spaß ist in den meisten Fällen ein wesentlicher Grund, überhaupt zu spielen. Die Freude oder auch das Auflockern sind oft das Ziel des Spiels. Aufgabe der Spielleitung ist es hierbei, nicht den Blick für den/die einzelneN Spielteilnehmer*in zu verlieren! Haben wirklich alle Spaß? Oder ist der Strudel der Gruppendynamik schon im vollen Gange und macht es manchen Teilnehmer*innen unmöglich, die persönlichen Bedürfnisse einzufordern?

Der/die Spielleiter*in hat immer eine besondere Rolle!

Nicht nur, dass der/die Spielleiter*in zuständig ist für die Anleitung und Vorbereitung des jeweiligen Spiels; er/sie ist auch dafür verantwortlich, WAS, WANN mit WELCHEN Regeln gespielt wird. Vor allem während des Spiels gehört es zu seinen/ihren Aufgaben sich nicht einfach, wie vielleicht die Teilnehmer*innen, dem Spiel hinzugeben, sondern die Gruppe und den Spielverlauf nicht aus den Augen zu verlieren. Dabei gilt es regelmäßig zu prüfen, ob die genannten Regeln noch eingehalten werden, ob noch alle Spaß haben und ob das Spiel für alle Beteiligten immer noch einen Gewinn darstellt. Neben der gesamten Gruppe gilt es auch, einzelne teilnehmende Mädchen und Jungen nicht aus dem Blick zu verlieren. Sollten Einzelne plötzlich völlig abwesend wirken, aggressiv werden oder in massiv grenzüberschreitendes Verhalten verfallen, können dies Anzeichen dafür sein, dass traumatisches Erleben „angetriggert“ wurde. In diesen Fällen ist eine besonnene und sachliche Reaktion gefragt. Es gilt klar zu machen, dass sexuelle Gewalt erleiden zu müssen, eine gravierende und in vielen Fällen traumatisierende Erfahrung ist. Im Gruppenkontext sind ruhige und eher knappe Kommentare wie „Jeder hat das Recht nachts allein im Bett zu sein“, „Was passiert ist, war falsch/nicht deine Schuld“ hilfreich.[24] Es ist ein positiver Moment sich anzuvertrauen; dennoch sollte zum Schutz des Jungen oder des Mädchens zügig ein Gesprächsangebot im geschützten Rahmen (nicht in der Gruppe) von Seiten der Spielleitung angeboten werden.

---

[23] Vgl. ebd.

[24] Vgl. ebd.

Psychohygiene für Spielleiter*innen

Spieleinheiten werden häufig durch ehrenamtliche Jugendleiter*innen angeleitet. Gerade wenn es innerhalb des Spiels zu schwierigen belastenden Situationen für Teilnehmer*innen kommt, sind ehrenamtliche Jugendleiter*innen massiv gefordert, an manchen Stellen vielleicht sogar überfordert. Hier ist es sinnvoll, im Alltag der Jugendarbeit, Orte der Reflexion zu platzieren (Gruppenleiter*innen-Runden oder Ähnliches), an denen eine Psychohygiene für Spielleiter*innen geschehen kann.

Das richtige Spiel zur richtigen Zeit!

Der Zeitpunkt ist hierbei eine entscheidende Komponente. Dabei geht es nicht nur um die Uhrzeit, zu der gespielt wird, sondern vor allem um die Phase der Gruppendynamik. So ist es sehr wahrscheinlich, dass ein sehr intensives Vertrauensspiel die Teilnehmer*innen in der Kennenlernphase nicht nur maßgeblich überfordert, sondern auch als grenzverletzend erlebt werden wird.

Kurze, klare Regeln!

Regeln sind eine wichtige Orientierungshilfe für die Teilnehmer*innen eines Spiels. Sie geben einen klaren Rahmen vor, wie das Spiel abläuft, was erlaubt ist und was nicht. Kurze und prägnante Spielregeln erleichtern der/dem Spielleiter*in die Vermittlung und die Teilnehmer*innen können sich diese besser merken als endlose Regelkataloge. Dies fördert nachhaltig die Einhaltung der Spielregeln, weder Spielleitung noch Teilnehmer*innen können so den Überblick verlieren.

Gute Vorbereitung!

Eine gute Spielleitung zeichnet sich nicht durch Spontanität aus, sondern durch eine Sensibilität für die Bedürfnisse und die Situation der Gruppe, mit der gespielt wird. Deshalb sollte vor einer Spieleinheit immer genug Zeit sein, um zu überlegen: „Was soll mit dem Spiel erreicht werden?“; „Passen die äußeren Rahmenbedingungen (Raum, Material, Zeit, Wetter)?“; „Passt das Spiel zur Gruppe (Alter, Anzahl der TN, Gruppenphase)?“

Echte Wahlmöglichkeiten bieten!

Die Vermittlung des Rechtes auf körperliche Selbstbestimmung und die Ermutigung zur Intuition (Vertraue Deinem Gefühl) wie auch die Vermittlung des Rechtes auf Widerstand (Nein sagen, ist erlaubt!), sind ganz generelle Anliegen der Prävention von sexueller Gewalt.

Übersetzt im Kontext der Spielpädagogik bedeutet dies, stetig zu prüfen, ob die Teilnehmer*innen eine echte Wahlmöglichkeit haben und diese Rechte gewahrt sind. Dabei stellt die Wahl zwischen Teilnahme und Nichtteilnahme keine adäquate Wahlmöglichkeit dar. Denn es ist sehr wahrscheinlich, dass die Teilnehmer*innen auf jeden Fall am Spiel teilnehmen, auch wenn dies ihren persönlichen Bedürfnissen widerstrebt. Eine echte Alternative wäre beispielsweise ein anderes gleichwertiges Angebot – „Wenn Du nicht in den Hochseilgarten gehen magst, kannst Du einen Zirkusworkshop besuchen“. Wenn es eine echte Wahlmöglichkeit gibt, ist es von entscheidender Bedeutung, die einzelnen Entscheidungen der Teilnehmer*innen nicht nur zu akzeptieren, sondern auch zu respektieren. Im Rahmen der Reflexion brauchen alle Teilnehmer*innen, egal welche Wahl sie getroffen haben, die Chance ihre Erlebnisse zu betrachten und Lernkonsequenzen zu ziehen. Dabei ist es beispielsweise genauso wertvoll, mutig gewesen zu sein und sich auf das Vertrauensspiel eingelassen zu haben, als auch die Entscheidung zu treffen, dieses nicht zu tun, denn das ist auch eine ganz großartige Stärke, die eigenen persönlichen Grenzen zu spüren und auf sein Körpergefühl selbstbewusst zu hören! Eine große Herausforderung für die Spielleitung, diese Lernräume für die Teilnehmer*innen aufzumachen.[25]

Das richtige Ende finden!

Wenn Spiele zu lange gespielt werden, birgt das unter Umständen verschiedene Risiken. Nicht ohne Grund gibt es das Sprichwort „Hör auf, wenn es am schönsten ist“. Warum? Weil zu lange gespielte Spiele an Attraktivität für die Teilnehmer*innen verlieren können; außerdem sind die Regeln nicht mehr ganz so präsent und können leichter verschwimmen oder umgedeutet werden.

Hemmungen und Ängste hindern!

Hemmungen und Ängste hindern den Spielverlauf. Es ist Aufgabe des/der Spielleiter*in die persönlichen Emotionen der Teilnehmer*innen ernst zu nehmen und nicht nur zu akzeptieren, sondern auch zu respektieren. Es ist eine sehr verantwortungsvolle und mutige Entscheidung von Teilnehmer*innen, diese Hemmungen und Ängste verbal oder nonverbal zu äußern. Ziel der Spielleitung sollte es daher sein, gemeinsam mit den Teilnehmer*innen zu analysieren, ob ggf. durch geänderte Rahmen-

---

[25] Vgl. Moeller, Ulrike (2003): Präventive Aspekte in der Erlebnispädagogik. In: Härtl, Sibylle; Unterstaller, Adelheid (Hrsg.): Raus aus der Nische! Prävention von sexuellem Missbrauch als fester Bestandteil pädagogischen Handelns. München: AMYNA, S. 116–123.

bedingungen oder Regeln die Hemmungen und Ängste verringert werden können. Dabei ist es wichtig, dass der/die Spielleiter*in zu jedem Zeitpunkt sicher den Drahtseilakt zwischen Motivation zu einer Lernerfahrung und Wertschätzung für die individuelle Entscheidung der Grenzsetzung meistert.

Ziel des Spiels beachten!

Bevor gespielt wird, sollte sich der/die Spielleiter*in genau überlegen, welches Ziel mit diesem Spiel erreicht werden soll. Der Sinn des Spiels sollte dabei klar benennbar sein. Freude oder Spaß sind dabei genauso legitime Ziele wie auch das Training von Konzentration oder Kooperation. Wichtig ist, dass der Spielleitung und den Teilnehmer*innen das Ziel bewusst ist; dies macht das Spiel klar und transparent. Der/die Spielleitung hat die Aufgabe, immer wieder während des Spielverlaufs zu prüfen, ob das Ziel des Spiels noch im Fokus der Handlung steht.

In diesem Sinne – viel Spaß beim Spielen!

Literatur

- Bayerischer Jugendring (2004): Prävention vor sexueller Gewalt in der Kinder- und Jugendarbeit. Grundlagen und Methoden präventiver Arbeit. Baustein 3. München: BJR.
- Bundesstelle der Katholischen Jungen Gemeinde e. V. (2010): Erste Allgemeine Verunsicherung. Sexualpädagogik in der KjG. Düsseldorf: KjG Bundesstelle.
- Enders, Ursula; Pieper, Eckhard; Vobbe, Frederic (2012): Das ist niemals witzig! Gewaltrituale in Jugend- und Sportverbänden. In: Enders, Ursula (Hrsg.): Grenzen achten. Schutz vor sexuellem Missbrauch in Institutionen. Köln: Kiepenheuer & Witsch, S. 158-181.
- Kindler, Heinz (2015): Prävention von sexuellem Missbrauch - Möglichkeiten und Grenzen. In: Fegert, Jörg; Hoffmann, Ulrike; König, Elisa; Niehues, Johanna; Liebhard, Hubert (Hrsg.): Sexueller Missbrauch von Kindern und Jugendlichen. Ein Handbuch zur Prävention und Intervention für Fachkräfte im medizinischen, psychotherapeutischen und pädagogischen Bereich. Berlin Heidelberg: Springer-Verlag, S. 352-360.
- Kindler, Heinz (2014): Wirkungen, Nebenwirkungen und ungelöste Probleme bei der Prävention von sexueller Gewalt gegen Kinder und Jugendliche. In: Böllert, Karin; Wazlawik, Martin (Hrsg.): Sexualisierte Gewalt. Institutionelle und professionelle Herausforderungen. Berlin und Heidelberg: Springer-Verlag, S.77-91.
- Kindler, Heinz; Schmidt-Nadasi, Daniela (2011): Wirksamkeit von Maßnahmen zur Prävention und Intervention im Fall sexueller Gewalt gegen Kinder. Herausgegeben von AMYNA e. V. DJI: München.
- Knecht, Gerhard (2011): Spielpädagogik. In: Deutscher Verein für öffentliche und private Fürsorge e. V. (Hrsg.): Fachlexikon der sozialen Arbeit. 7. völlig überarbeitete und aktualisierte Auflage. Baden-Baden. S. 861.
- Moeller, Ulrike (2003): Präventive Aspekte in der Erlebnispädagogik. In: Härtl, Sibylle; Unterstaller, Adelheid (Hrsg.): Raus aus der Nische! Prävention von sexuellem Missbrauch als fester Bestandteil pädagogischen Handelns. München: AMYNA, S. 113-126.
- Nick, Peter (2004): Spaß, Spannung und Abwechslung - Das Spiel als Methode der Kinder- und Jugend(verbands)arbeit. In: Bayerischer Jugendring: Jugend Nachrichten 6/2004. München.

- Oerter, Rolf (2006): Spielend leben lernen. In: Juventa Verlag GmbH (Hrsg.): Deutsche Jugend. Zeitschrift für die Jugendarbeit. 54. Jahrgang, Heft 7/8. Weinheim. S. 329-339.
- Pfeiffer, Zara; Mayer, Marina (2012): Zum Einsatz von Methoden... Herausforderungen und Fallstricke beim Einsatz von Methoden in der Sexualerziehung und zur Prävention sexueller Gewalt in der (teil-)stationären Jugendhilfe. Unveröffentlichtes Manuskript.
- Siegmann, Astrid; Dlugosch, Sandra (2012): Halt geben und Achtsamkeit fördern. Prävention für traumatisierte Mädchen und Jungen. Unveröffentlichtes Manuskript.
- Völkel, Petra (2011): Spiel. In: Deutscher Verein für öffentliche und private Fürsorge e. V. (Hrsg.): Fachlexikon der sozialen Arbeit. 7. völlig überarbeitete und aktualisierte Auflage. Baden-Baden. S. 860-861.

Liebe

Wenn aus Gruppenleiter*in und Teilnehmer*in ein Paar wird ...

Jugendarbeit ist geprägt von Beziehungen. Deshalb scheint es nicht weiter verwunderlich, dass es auch zu Liebesbeziehungen zwischen Gruppenleiter*innen und Teilnehmer*innen kommen kann, gerade dann, wenn der Altersunterschied gering ist. Beispielsweise wenn sich der/die 18-jährige Gruppenleiter*in und der/die 16-jährige Teilnehmer*in verlieben. Oft herrscht an dieser Stelle Verunsicherung: „Dürfen die das?“ oder „Das ist doch voll komisch, wenn die gleichzeitig Leitung sind und dann mit einer/einem Teilnehmer*in gehen ...“. Das sind alles berechtigte Gedankengänge.

Der vorliegende Artikel möchte diese Verunsicherungen aufgreifen und eine Orientierungshilfe geben; er bezieht sich dabei ausschließlich auf die Perspektive von Nähe und Distanz bei einem *geringen* Altersunterschied zwischen *ehrenamtlichen* Gruppenleiter*innen und Teilnehmer*innen. Dabei werden verschiedene Perspektiven erörtert.

Zunächst erfolgt eine Vermittlung von Kompaktwissen zum Thema Beziehungen zwischen Jugendlichen im Allgemeinen und ein Exkurs zu Sexualität und Jugendarbeit. Im Anschluss erfolgt eine kurze Einschätzung der Rechtslage zur Thematik.

Abschließender Aspekt des Kompaktwissens ist die Dimension der Gruppendynamik.

Nach einer kurzen Zusammenfassung geht es im letzten Teil des Artikels um konkrete Empfehlungen und Konsequenzen für die Prävention von sexueller Gewalt.

Kompaktwissen

Beziehungen und sexuelle Entwicklungen im Jugendalter

Im öffentlichen Diskurs zum Thema „sexuelle Entwicklung im Jugendalter“ sind immer wieder Schlagzeilen wie „Generation Porno“ oder „Deutschlands sexuelle Tragödie“ zu lesen. Sie erwecken den Anschein, dass die heutige Jugend (sexuell) verwahrlost ist. An dieser Stelle sei festgehalten, dass diesem Eindruck fundierte Ergebnisse aus der Forschung (z. B. BZgA oder SHELL Deutschland[1]) gegenüberstehen, nach denen von einer Verwahrlosung der jungen Generation nicht gesprochen werden kann. Nach wie vor finden die meisten sexuellen Kontakte im Jugendalter in einer festen Partnerschaft statt. Auch sind Werte wie Partnerschaft, Freundschaft oder auch Familie ganz weit oben im Ranking der Jugendlichen.[2]

Körperliche Veränderungen im Jugendalter

Neben hormonellen Veränderungen kommt es im Laufe der Pubertät zu verschiedenen körperlichen Veränderungen, aber auch zu „Umbauten" im Gehirn. Die Pubertät im Allgemeinen als eine sehr gefühlsintensive Zeit zu beschreiben; ist an dieser Stelle sicherlich die richtige Wortwahl, auch wenn nicht prinzipiell davon gesprochen werden kann, dass Jugendliche von ihren „Hormonen getrieben" werden. Seelische und körperliche Reifungsprozesse passieren nicht immer gleichzeitig, jedoch führt dies, entgegen vieler Befürchtungen von Erwachsenen, nicht dazu, dass Jugendliche frühere sexuelle Erfahrungen machen.[3]

Wie sehen Beziehungen zwischen 14 und 18 aus?

Viele erste Male kennzeichnen die Zeit der Pubertät, das erste Flirten, der erste Kuss, die ersten körperlichen Erfahrungen usw. Die gesamte Gefühlspalette wird dabei sichtbar. Auch wenn Jugendliche in dieser Phase eher serielle Beziehungen (mehrere aufeinanderfolgende Beziehungen) pflegen, spielen Werte wie Treue, Ehrlichkeit, Verantwortung eine große Rolle. Zur Gewinnung von Informationen stehen den Jugendlichen verschiedene Quellen zur Verfügung. Ihr Wissen über Sexualität (und Beziehungen) erhalten die Jugendlichen durch das Internet, durch Gleichaltrige, aber auch Schule und erwachsene Bezugspersonen sind dabei wichtige Bezugsquellen. Das Sprechen über Themen der Sexualität ist aber auch im 21. Jahrhundert häufig noch nicht selbstverständlich und mit Hemmungen

---

[1] Die Bundeszentrale für gesundheitliche Aufklärung (BZgA) führt seit 1980 in regelmäßigen Abständen Studien zum Thema Jugendsexualität durch, um langjährige Trends zu erfassen. Die SHELL JUGENDSTUDIE gibt in regelmäßigen Abständen Auskunft über die Jugend in Deutschland; die SHELL JUGENDSTUDIE ist bereits zum 16. Mal erschienen.

[2] Vgl. Größ, Melanie; Wendt, Eva-Verena (2009): Miteinander gehen – Paarbeziehungen Jugendlicher. In: BZgA: Forum Sexualaufklärung und Familienplanung: Partnerschaft. 2/2009. Köln, S. 36.

[3] Vgl. Kempf, Sebastian (2012): Auf einmal alles anders? Körperliche Veränderungen in der Pubertät. Unveröffentlichtes Manuskript.

verbunden. Damit sich Beziehungen gut entwickeln können, scheint es jedoch entscheidend zu sein, Gefühle, Wünsche und Unsicherheiten klar artikulieren zu können. Jugendliche brauchen hierbei Unterstützung. Sie benötigen also mehr als eine reine Wissensvermittlung. Vielmehr geht es auch um das Einüben gelungener Beziehungsgestaltung.[4]

Sexualität und Jugendarbeit

Jugendliche geben ihre sexuelle Identität nicht am Eingang ab

Neben den sexuellen Entwicklungen im Jugendalter gibt es natürlich auch weitere Veränderungsprozesse in dieser Lebensphase. So ist das Jugendalter geprägt von der stetigen Loslösung von der Familie. Die Peergroup, also die Gruppe der Gleichaltrigen, spielt dann eine immer wichtigere Rolle. Vor allem Angebote der verbandlichen Jugendarbeit setzen oft genau hier an. In den meisten Fällen sind auch die ehrenamtlichen Mitarbeiter*innen kaum älter als die Teilnehmer*innen. Der Aspekt der Peeredukation nimmt also eine entscheidende Rolle ein. Dabei ist Sexualität eine von jedem Menschen untrennbare Dimension. Die Jugendlichen sind stets auch geschlechtlich geprägte Personen, die als junge Frauen und Männer in unterschiedlichen Entwicklungsphasen die Angebote der Jugendarbeit prägen und bestimmen. Die Jugendlichen handeln dabei vor dem Hintergrund von mehr oder weniger Erfahrungen in Freundschaft und Sexualität, Bildung und Sozialisation sowie kulturellen Einflüssen.[5]

Jugendarbeit als Ort der Beziehungsarbeit

Ein wesentliches Merkmal der Jugendarbeit ist die Bedeutung der Gestaltung von qualitativ hochwertigen Beziehungen. Dabei geht es um das Erlebnis von Gemeinschaft und Solidarität in einer Einheit von Körper und Geist. Letztendlich spielt dabei die gute Beziehung zwischen Leitungsperson und Teilnehmer*innen eine entscheidende Rolle.[6]

---

[4] Vgl. Gies, Maria (2012): Viele erste Male. Beziehungen von Jugendlichen. Unveröffentlichtes Manuskript.

[5] Vgl. Leimgruber, Stephan (2012): Jugendliche lassen ihr Geschlecht nicht zu Hause. Sexualpädagogische Impulse für die kirchliche Jugendarbeit. In: Etscheid-Stams, Markus; Krauße, Eileen (Hrsg.): Jugend, Kirche, Sexualität. Herausforderungen einer verantwortlichen Sexualpädagogik in der Jugendpastoral. Dokumentation der Jahreskonferenz Jugendseelsorge 2011. Düsseldorf: Verlag Haus Altenberg, S. 80.

[6] Vgl. ebd., S. 90.

Kummuliert man die oben aufgezählten Aspekte, scheint es nicht weiter verwunderlich, dass es auch in der Jugendarbeit zur Anbahnung von Liebesbeziehungen zwischen nahezu gleichaltrigen ehrenamtlichen Mitarbeiter*innen und Teilnehmer*innen kommen kann. Handelt es sich hier doch um eine scheinbar klassische Form von Peergroup-Kontakten.

Alles was Recht ist – ein Blick ins Strafrecht

Prinzipiell gilt, dass eine Person mit der Vollendung ihres dreizehnten Lebensjahres als strafmündig gilt.[7] In der Regel werden ehrenamtliche Mitarbeiter*innen ab einem Alter von 16 Jahren in der Jugendarbeit eingesetzt; das bedeutet, dass sie bei Begehen einer Straftat prinzipiell auch als schuldfähig im Sinne des Strafrechtes gelten.

Im dreizehnten Abschnitt des Sozialgesetzbuches sind die Straftaten gegen die sexuelle Selbstbestimmung erfasst. Die Frage „Dürfen DIE DAS?" bezieht sich in der Regel darauf, ob für den/die Gruppenleiter*in strafrechtliche Konsequenzen zu erwarten sind, wenn er/sie sich auf eine Liebesbeziehung mit einem/einer Teilnehmer*in einlässt.

Im Strafrecht sind verschiedene Schutzaltersgrenzen definiert, die eine erste Orientierungshilfe bieten können. So sind beispielsweise alle sexuellen Handlungen mit Teilnehmenden unter 14 Jahren verboten sowie alle sexuellen Handlungen mit Schutzbefohlenen bis 16 Jahren. Darüber hinaus sind sexuelle Handlungen, die erzwungen werden oder bei denen das Abhängigkeitsverhältnis eines/einer Schutzbefohlenen ausgenutzt wird, grundsätzlich nie erlaubt. Diese Punkte können auch bei geringem Altersunterschied zwischen ehrenamtlichen Mitarbeitenden und Teilnehmenden mit geringem Altersunterschied vorliegen und müssen jeweils geprüft werden. Jedoch gibt es nicht für alle Fälle eine gesetzliche Regelung. Der Umgang mit Liebesbeziehungen, also Beziehungen, in denen Einvernehmlichkeit zwischen ehrenamtlich Mitarbeitenden und Teilnehmenden gegeben ist (wie das im oben genannten Beispiel, in dem sich der/die 18-jährige Gruppenleiter*in und der/die 16-jährige Teilnehmer*in verlieben), ist vor allem eine Suche nach pädagogischen Antworten.

Zusammenfassend kann daher mit Blick in das Strafgesetzbuch festgehalten werden, dass Beziehungen zwischen Gruppenleiter*in und Teilnehmer*in nicht prinzipiell verboten sind. Zu beachten sind jedoch die jeweiligen Altersgrenzen, der Altersunterschied zwischen Teilnehmer*in und

---

[7] Vgl. § 19 StGB.

Gruppenleiter*in und gegebenenfalls der Entwicklungsstand der Teilnehmer*innen. Sexuelle Beziehungen zu unter 14-jährigen Personen sind grundsätzlich verboten. Bei Beziehungen zwischen Teilnehmer*innen unter 16 Jahren und Gruppenleiter*innen über 21 Jahren ist die Reife der Teilnehmer*innen zu prüfen. Entscheidend ist, ob er/sie zur sexuellen Selbstbestimmung in der Lage ist. Bei einem Abhängigkeitsverhältnis kann eine Beziehung zwischen Gruppenleiter*in und Teilnehmer*in je nach Konstellation als sexueller Missbrauch von Schutzbefohlenen interpretiert werden.

Dürfen DIE DAS? – Die Suche nach pädagogischen Antworten

Rollenverständnis von Gruppenleiter*innen

Wie der Name schon sagt, verstehen sich Gruppenleiter*innen als Leitungspersonen einer Gruppe. Das heißt, sie haben innerhalb der Gruppe eine besondere Rolle. Abgesehen vom rechtlichen Verständnis (z. B. Aufsichtspflicht) fühlen sich Gruppenleiter*innen verantwortlich für die von ihnen geleitete Gruppe. Auch wenn die Interaktion, die Planung des Programms, die Durchführung der Gruppenstunden aus einem (mehr oder weniger) gelungenen Wechselspiel von Gruppe und Leitung gestaltet wird, liegt die letztendliche Verantwortung für das, was in einer Gruppenstunde geschieht, bei der Leitungsperson. „Wenn aus ehrenamtlich Mitarbeitenden und Teilnehmenden ein Paar wird", ist es also Aufgabe des/der Gruppenleiters/Gruppenleiterin Konsequenzen zu ziehen.

Rollenverständnis von Teilnehmer*innen

Teilnehmer*innen innerhalb einer Gruppe nehmen zwar verschiedene Rollen ein, gleichzeitig wird aber davon ausgegangen, dass es sich um gleichwertige Rollen handelt. Gemeint ist hier, dass die Stimme jedes Gruppenmitgliedes gleich viel Einfluss auf das Gruppengeschehen hat. Natürlich ist dies ein Konstrukt, welches in der Regel lediglich bei geheimen Abstimmungen funktioniert. Die sozialen Rollen der Teilnehmer*innen haben in der Realität meist einen immensen Einfluss darauf, wie viel Bedeutung die Meinung des/der Einzelnen auf die Entscheidungen der Gruppe beigemessen wird.

Beziehungen zwischen Gruppenleiter*in und Teilnehmer*in

Bereits in der Ausbildung (Gruppenleiter*innenkurs) ist das Thema „Rollen in Gruppen“ ein fester Bestandteil. Ziel ist es, (zukünftige) Gruppenleiter*innen für diesen Aspekt zu sensibilisieren, damit sie auf die einzelnen Gruppenmitglieder individuell eingehen können und dies gleichzeitig mit dem Wirken der Gruppe, zum Beispiel nach den Grundsätzen der Themenzentrierten Interaktion (TZI) im Dreieck zwischen ICH - WIR - Thema, in Einklang bringen. Damit dies gelingt, sollten Gruppenleiter*innen sich immer wieder auf einer Metaebene den Gruppenprozess und die einzelnen Rollen vergegenwärtigen. Es ist davon auszugehen, dass eine Ablehnung gegenüber einem/einer Teilnehmer*in ebenso wie eine Liebesbeziehung zu einem/einer Teilnehmer*in erheblichen Einfluss auf die Gruppendynamik haben und von der Gesamtgruppe als Störung empfunden werden können.

Zusammenfassend gilt es festzuhalten, dass Gruppenleiter*innen sich trotz des meist sehr geringen Altersunterschiedes als Leitungspersonen einer Gruppenstunde verstehen und auch so agieren. Dieses Selbstverständnis hat eine enorme Einflussgröße auf die Gruppendynamik und das Gesamtverständnis der Gruppe. Bei einer Liebesbeziehung zwischen Gruppenleiter*in und Teilnehmer*in kann es zu Rollenkonflikten kommen, da plötzlich verschiedene Rollen gleichzeitig das Handeln bestimmen: Freund*in und Gruppenleiter*in; Freund*in und Teilnehmer*in.

Aber nicht nur für das Liebespaar kann es schwierig werden; auch die anderen Teilnehmer*innen können durch die neue Situation beeinflusst werden. Gefühle wie Freude, Zustimmung, aber auch Eifersucht und Neid können den Gruppenprozess wesentlich beeinflussen.

Zusammenfassung

Das Jugendalter ist nicht nur geprägt von einer Reihe von körperlichen Veränderungen, auch der Wunsch nach (sexuellen) Beziehungen wächst in dieser Lebensphase. Viele erste Male prägen diese Zeit. In der Pubertät versuchen Jugendliche erste Kontaktaufnahmen mit dem Ziel, erste (Liebes-)Beziehungen einzugehen. Dabei ist prinzipiell nicht von einer „sprunghaften“ oder „sexuell verwahrlosten“ Jugend auszugehen. Vielmehr spielen unter anderem Werte wie Treue und Ehrlichkeit eine große Rolle für die Jugendlichen.

Wenn sich Jugendliche in der Jugendarbeit engagieren, geben sie ihre sexuelle Identität nicht am Eingang ab. Ihr Handeln ist auch geprägt von den körperlichen und geistigen Veränderungen, die eine typische Entwicklungsphase im Jugendalter darstellen. Eine Herausforderung für die Jugendarbeit ist es, (sexualpädagogische) Orientierungshilfe zu leisten, damit in der Phase der „vielen ersten Male" Beziehungsgestaltung gelingt. Es gilt also für die Jugendarbeit „Übersetzungshilfe" zu leisten. Aus der Tatsache heraus, dass Jugendliche ihre sexuelle Identität nicht an der Eingangstüre abgeben, ist es nicht verwunderlich, dass sie auch im Rahmen der Jugendarbeit auf der Suche nach (Liebes-)Beziehungen sind. Nachdem Gruppenleiter*in und Teilnehmer*in einen oft nur geringen Altersunterschied haben, ist es nicht weiter verwunderlich, dass es auch zu (Liebes-)Beziehungen zwischen Gruppenleiter*in und Teilnehmer*in kommen kann. Diese sind aus strafrechtlicher Sicht nicht grundsätzlich verboten. Es gilt jedoch die jeweiligen Altersgrenzen einzuhalten. Sexuelle Handlungen, die erzwungen werden, sind grundsätzlich nie erlaubt.

Wenn es zu einer Beziehung zwischen Gruppenleiter*in und einem/r (in etwa gleichaltrigen) Teilnehmer*in kommt, kann dies erheblichen Einfluss auf die Gruppendynamik haben. Es kann sein, dass die neuen Rollen an einigen Stellen nicht unbedingt harmonisch mit den bisherigen Rollen in Einklang zu bringen sind. Auch kann es passieren, dass durch die neu hinzugekommenen Rollen die restlichen Teilnehmer*innen oder die ganze Gruppe, aber auch weitere Gruppenleiter*innen beeinflusst werden. Dies hat dann wiederum Konsequenzen für die gesamte Gruppendynamik.

Prinzipiell sollte dennoch gelten, Liebesbeziehungen zwischen Gruppenleiter*in und Teilnehmer*in nicht grundlegend abzulehnen. Sie gehören zum natürlichen Alltag der Jugendarbeit und fordern einen verantwortungsbewussten Umgang. Die Anregungen des folgenden Kapitels sollen dabei helfen und eine Orientierungshilfe bieten, wie mit solchen Gegebenheiten umgegangen werden kann.

Anregungen für die Praxis

Information als Schlüssel der Prävention

Wenn es zu einer Liebesbeziehung zwischen Gruppenleiter*in und Teilnehmer*in kommt, regieren oft Panik und Mythen. Diese blockieren einen verantwortungsbewussten Umgang mit der Situation und sind für alle Beteiligten wenig hilfreich!

Ziel sollte es deshalb sein, Mythen sowie Angst und Panik abzubauen, damit es zu einem überlegten Handeln kommen kann. Dazu brauchen die in der Jugendarbeit Aktiven Grundlageninformationen aus verschiedenen Themenbereichen.

Sexuelle Entwicklungen im Jugendalter

Der Wunsch nach Beziehung und Partnerschaft ist auf dem Weg zum Erwachsenwerden völlig normal. Um dies auch als normal einzustufen und im Gegenzug „sexuelle Grenzverletzungen durch Jugendliche" davon abgrenzen zu können, bedarf es eines fachlich fundierten Grundlagenwissens.

Grundlegende Informationen zu Sexualität und sexueller Vielfalt

Das Thema Sexualität und sexuelle Vielfalt im Besonderen sorgen häufig in der Jugendarbeit für eine allgemeine Verunsicherung. Fakt ist allerdings, so vielfältig die Menschen sind, so vielfältig ist auch ihre Sexualität und diese findet sich auch in der Jugendarbeit wieder.[8] „Schwule, lesbische und bisexuelle Schüler sind weiterhin viel eher Gewalt oder Mobbing ausgesetzt als heterosexuelle Jugendliche. Das ist eines der Ergebnisse der ersten landesweiten Befragung zu Gewalt und sexueller Orientierung von Highschool-Schülern in den USA."[9] Die Studie Jugendsexualität 2015 der Bundeszentrale für gesundheitliche Aufklärung stellt fest, dass die Gruppe nicht (eindeutig) heterosexuell orientierter Jugendlicher überdurchschnittlich stark der Gefahr ausgesetzt ist, sexuelle Gewalt zu

---

[8] Vgl. Bundesstelle der Katholischen Jungen Gemeinde e. V. (2010): Erste allgemeine Verunsicherung. Sexualpädagogik in der KjG. Düsseldorf: KjG Bundesstelle, S. 72.

[9] QUEER.de (2016): Erschreckende Zahlen. US-Studie: Fast die Hälfte der LGB-Schüler denkt über Selbstmord nach. http://www.queer.de/detail.php?article_id=26825 (abgerufen am 19.08.2016).

erleben.[10] Solche Ergebnisse bedeuten, dass Gruppenleiter*innen Grundinformationen zu den Themen Sexualität und sexuelle Vielfalt benötigen, um ggf. Diskriminierungen zu begegnen. Gerade wenn eine Beziehung zwischen Gruppenleiter*in und Teilnehmer*in mit einem Outing zusammenfällt, kann es sehr anspruchsvoll sein, den verschiedenen Themen (Rollenkonflikt, direkte oder indirekte Diskriminierung der Geschlechtsidentität, ...) adäquat zu begegnen.

Gruppenleiter*innen brauchen Räume, das eigene Handeln, Denken, Sprechen und Fühlen zu reflektieren, um ein Bewusstsein zu entwickeln, welche „Normalitäten" sie umgeben und vermitteln.[11] Darüber hinaus benötigen sie eine Orientierung, wie sie das Thema sexuelle Vielfalt zur Normalität machen können. Ein grundlegendes Wissen zu Sexualität, im besten Fall ein sexualpädagogisches Konzept des Jugendverbandes, kann hier eine gute Richtschnur sein.

Rechtliche Grundlagen

Beziehungen zwischen Gruppenleiter*innen und Teilnehmer*innen sind im strafrechtlichen Sinne nicht prinzipiell verboten. Damit Gruppenleiter*innen Sicherheit bekommen, was erlaubt ist und was nicht, brauchen sie einen grundlegenden Einblick in die Gesetzesnormen des Strafrechts.

Grundlagen der Gruppendynamik

Gruppenleiter*innen benötigen zudem Informationen und Grundlagen der Gruppendynamik. Sie müssen verstehen, dass die Beziehung zu einem/einer Teilnehmer*in einen maßgeblichen Einfluss auf die Gesamtgruppe haben kann. Es liegt in ihrer Verantwortung, dies zu erkennen und Konsequenzen zu ziehen.

Transparenz schaffen – Vertrauen gewinnen

In erster Linie ist es natürlich eine Privatsache, WER mit WEM zusammen ist. Geht es aber um eine Beziehung zwischen Gruppenleiter*in und Teilnehmer*in, hat diese Rollenänderung jedoch auch Einfluss auf das Gesamtgeschehen der Gruppe. Durch die Doppelung der Rollen ist die

---

[10] Vgl. Heßling, Angelika; Bode, Heidrun (2015): Erfahrungen sexualisierter Gewalt. Ausgewählte Ergebnisse der Studie Jugendsexualität 2015. In: BZgA (Hrsg.): FORUM Sexualaufklärung und Familienplanung. 2-2015. Sexualisierte Gewalt, S. 19.

[11] Vgl. Bundesstelle der Katholischen Jungen Gemeinde e. V. (2010): a.a.O., S. 73.

Beziehung nicht nur reine Privatsache, sondern hat eben auch Auswirkungen auf die Rollen als Gruppenleiter*in und Teilnehmer*in.

Wichtig ist es daher zu definieren, wer die Handlungsverantwortung trägt, die Situation zu klären. Gruppenleiter*innen verstehen sich als Leiter*innen einer Gruppe. Übertragen auf den Zusammenhang des Rollenkonflikts „Wenn aus Gruppenleiter*in und Teilnehmer*in ein Paar wird", ist es also Aufgabe des/der Gruppenleiter*in, Konsequenzen zu ziehen. Damit diese Konsequenzen nicht von Fall zu Fall individuell entwickelt werden müssen, ist es hilfreich, die Thematik in einer Leiterrunde generell zu diskutieren und ein Verfahren zu entwickeln, wie in solchen Situationen generell vorzugehen ist. Solche Absprachen bieten allen Beteiligten Handlungssicherheit.

Mögliche Punkte für eine Vereinbarung wären folgende:

— **Wir machen in der Leitungsrunde transparent, wenn wir mit einem/einer Teilnehmer*in zusammenkommen.**

  Dies vermindert Heimlichkeiten und Tuscheleien und vermeidet, dass sich Phantasien und Halbwahrheiten über die Beziehungsverhältnisse verdichten. Selbstverständlich kann es hier auch zu gleichgeschlechtlichen Paarbildungen kommen. Eine eindeutige und positive Haltung der Leitungsrunde/des Verbandes zu gleichgeschlechtlichen Lebensweisen kann verhindern, dass diese Paare in die Heimlichkeit gedrängt werden. Der Schutz vor homophoben Diskriminierungen gehört hier zu den Aufgaben der Verantwortlichen.

— **Wenn aus Gruppenleiter*in und Teilnehmer*in ein Paar wird, wird die Leitung abgegeben.**

  Hier gilt wieder: Die Konsequenz ist von dem/der Gruppenleiter*in zu ziehen. Er/sie sollte zeitnah die Leitung dieser Gruppe abgeben. Diese Regel hat verschiedene Funktionen. Das Paar wird geschützt vor eventuellen Rollenkonflikten. Es ist gleichzeitig eine Schutzfunktion für die ganze Gruppe, denn die einzelnen Teilnehmer*innen kommen nicht in den Zwiespalt, beurteilen zu müssen, ob ihnen das jetzt „etwas ausmacht" oder nicht, und eventuell aus Zuneigung zur einen oder anderen Person eine Aussage zu treffen, die sie so nicht meinen.

— **Bei Fahrten oder Freizeiten steht nicht das Paar, sondern die Rolle innerhalb der Jugendarbeit im Vordergrund.**

Natürlich kann die Liebe nicht einfach für die Zeit einer Freizeit ausgeknippst werden! Mit dieser Regel ist aber gemeint, dass es aufgrund des Beziehungsstatus keine „Extrawürste" gibt. Zum Beispiel sollte auch dann gelten, dass der/die Teilnehmer*in bei den anderen Teilnehmer*innen übernachtet, der/die Gruppenleiter*in bei den anderen Leiter*innen. Gleiches gilt für die Aufteilung von Aufgaben, für wen welche Regeln gelten usw.

Einige Worte zum Schluss ...

Sich Verlieben ist etwas Wunderbares! Es passiert, dass diese Gefühle auch zwischen Gruppenleiter*in und Teilnehmer*in entstehen und sich daraus eine Beziehung entwickelt. Dies ist schön und es gibt keinen Grund dies prinzipiell zu verteufeln!

Wichtig ist, dass bereits im Vorhinein klar ist, wie in diesen Situationen umgegangen wird und der/die Gruppenleiter*in seiner/ihrer Leitungsverantwortung für die Gesamtgruppe nachkommt und Konsequenzen aus den neuen Gegebenheiten zieht. Dies sollte aber nicht willkürlich passieren; eine klare und gemeinsam getragene Richtlinie verschafft an dieser Stelle Sicherheit und Transparenz.

Literatur

- Bundesstelle der Katholischen Jungen Gemeinde e. V. (2010): Erste allgemeine Verunsicherung. Sexualpädagogik in der KjG. Düsseldorf: KjG Bundesstelle.
- Gies, Maria (2012): Viele erste Male. Beziehungen von Jugendlichen. Unveröffentlichtes Manuskript.
- Gössel, Karl-Heinz (2005): Das neue Sexualstrafrecht. Eine systematische Darstellung für die Praxis. Berlin: De Gruyter Rechtswissenschaften Verlags-GmbH.
- Größ, Melanie; Wendt, Eva-Verena (2009): Miteinander gehen – Paarbeziehungen Jugendlicher. In: BZgA: Forum Sexualaufklärung und Familienplanung: Partnerschaft. 2/2009. Köln. S.34-36.
- Heßling, Angelika; Bode, Heidrun (2015): Erfahrungen sexualisierter Gewalt. Ausgewählte Ergebnisse der Studie Jugendsexualität 2015. In: BZgA (Hrsg.): FORUM Sexualaufklärung und Familienplanung. 2-2015. Sexualisierte Gewalt. S. 19-24.
- Kempf, Sebastian (2012): Auf einmal alles anders? Körperliche Veränderungen in der Pubertät. Unveröffentlichtes Manuskript.
- Laubenthal, Klaus (2000): Sexualstraftaten. Die Delikte gegen die sexuelle Selbstbestimmung. Berlin: Springer-Verlag.
- Leimgruber, Stephan (2012): Jugendliche lassen ihr Geschlecht nicht zu Hause. Sexualpädagogische Impulse für die kirchliche Jugendarbeit. In: Etscheid-Stams, Markus; Krauße, Eileen (Hrsg.): Jugend, Kirche, Sexualität. Herausforderungen einer verantwortlichen Sexualpädagogik in der Jugendpastoral. Dokumentation der Jahreskonferenz Jugendseelsorge 2011. Düsseldorf: Verlag Haus Altenberg, S. 79-94.

Links

- QUEER.de (2016): Erschreckende Zahlen. US-Studie: Fast die Hälfte der LGB-Schüler denkt über Selbstmord nach. http://www.queer.de/detail.php?article_id=26825 (abgerufen am 19.08.2016).
- Strafgesetzbuch: http://www.gesetze-im-internet.de/stgb/ (abgerufen am 10.06.2013).

Generation Porno, oder was?

Einfluss und Wirkung von Pornografie auf Jugendliche

Egal, ob freiwillig oder unfreiwillig, Jugendliche kamen noch nie so einfach in Kontakt mit pornografischem Material wie in der heutigen Zeit.

Während in der öffentlichen Debatte immer häufiger von einer „Generation Porno“ oder „Deutschlands sexueller Tragödie“ die Sprache ist, stellt sich besonders in (pädagogischen) Kontexten der Jugendarbeit die Frage, welchen Einfluss die Nutzung von Pornografie auf Jugendliche hat und wie es um die tatsächlichen Zahlen zu Konsumverhalten bestellt ist.

Sucht man das Gespräch mit Jugendlichen, bekommt man schnell den Eindruck, dass die Panikmache übertrieben ist. Viele Jugendliche können durchaus zwischen Realität und Porno unterscheiden. Sie sehen sich selbst nicht als Opfer der Pornoindustrie[1], dennoch macht es Sinn, Einfluss und Wirkung kritisch zu beleuchten.

Auf der Grundlage von Normen und Werten, die auf Personalität, Partnerschaftlichkeit und gegenseitigem Respekt basieren, gibt es in vielen Jugendverbänden und anderen Einrichtungen der Jugendarbeit eine Basis, um gemeinsam mit Jugendlichen die Nutzung von Pornografie kritisch zu hinterfragen. Aber wie kann dies in der Praxis konkret aussehen?

Der vorliegende Artikel greift diese Fragestellungen auf. Ehren- und hauptamtliche Mitarbeiter*innen sollen neben Basisinformationen vor allem Tipps für die praktische Arbeit mit Kindern und Jugendlichen bekommen, um adäquate (sexualpädagogische) Präventionsangebote durchführen zu können.

Die Erörterung der Thematik erfolgt schrittweise. Zunächst werden Sachinformationen kompakt zusammengefasst. Nach einer kurzen Zusammenfassung werden mögliche Präventionsansätze erörtert. Abgeschlossen wird der Artikel mit Tipps für die Praxis der Jugendarbeit.

---

[1] Vgl. Kniep, Marthe Anna (2012): Jugend, Porno, Medien! Die Aufklärungsarbeit der Jugendzeitschrift BRAVO. In: Schuegraf, Martina; Tillmann, Angela (Hrsg.): Pornografisierung von Gesellschaft. Perspektiven aus Theorie, Empirie und Praxis. Konstanz und München: UVK Verlagsgesellschaft mbH, S. 269.

Kompaktwissen

Pornografie – was ist das eigentlich?

Unter Pornografie werden Darstellungen von Sexualität verstanden, die zur sexuellen Stimulation des/der Betrachter*in dienen sollen und bei denen menschliche Geschlechtsteile sowie der Geschlechtsakt an sich besonders akzentuiert in Szene gesetzt und gezeigt werden. Zu beachten ist, dass es sich bei Pornografie um eine inszenierte Form der Sexualität handelt. Die Darstellung von Sexualität in der Pornografie hat ebenso wenig wie die vermeintlich realistischen Abenteuer von Action-Helden in Kinofilmen mit dem tatsächlichen Leben zu tun.[2]

Bei dem Versuch der Definition von Pornografie spielen u. a. Moralvorstellungen sowie persönliche Normen und Werte häufig eine gewichtige Rolle. An dieser Stelle sollen verschiedene Perspektiven dabei helfen, einen differenzierten Blick auf die Thematik zu bekommen.

Blickpunkt Gesetz

Eine eindeutige Begriffsbestimmung von Pornografie im Gesetz ist nicht vorhanden. Pornografie wird per se als „jugendgefährdend" beurteilt und verschiedene gesetzliche Bestimmungen im Strafgesetz regeln den Umgang. Es wird dabei unterschieden zwischen „einfacher Pornografie", die für Personen über 18 Jahre erlaubt ist, und „harter Pornografie" (Kinder-, Jugend, Tier- und Gewaltpornografie), die grundsätzlich verboten ist.[3]

Gerichte definieren eine Schrift anhand verschiedener Kriterien als pornografisch. Ausschlaggebend sind folgende Merkmale[4]:

— Im Vordergrund der Darstellung stehen sexuelle Vorgänge. Diese werden grob, aufdringlich und anreißerisch dargestellt.

— Die Darstellung zielt ausschließlich oder überwiegend auf die Aufreizung des sexuellen Triebs der/des Betrachter*in ab.

---

[2] Vgl. Kimmel, Birgit et al. (2011): Let's talk about Porno. Jugendsexualität. Internet, Pornografie. Arbeitsmaterialien für Schule und Jugendarbeit. Ludwigshafen, S. 71.

[3] Vgl. Pfeiffer, Zara (2012): Betreten verboten! Wie Jugendliche mit Pornografie umgehen. Unveröffentlichtes Manuskript.

[4] Vgl. Liesching, Marc (2012): Jugendschutz bei sexuell-orientierten Medien. In: Schuegraf, Martina; Tillmann, Angela (Hrsg.): Pornografisierung von Gesellschaft. Perspektiven aus Theorie, Empirie und Praxis. Konstanz und München: UVK Verlagsgesellschaft mbH, S. 290.

— Allgemeine gesellschaftliche Wertvorstellungen und die damit definierten Grenzen des sexuellen Anstands werden eindeutig überschritten.

Blickpunkt Alltagswelt

Im umgangssprachlichen Bereich gibt es verschiedene Definitionen von Pornografie. Explizite Darstellungen von Geschlechtsteilen und/oder sexueller Aktivität werden meist als Hardcore oder Hardcore-Pornografie bezeichnet. Aber auch Darstellungen in sogenannten Soft-Sexfilmen im Fernsehen werden oft dem Begriff „Pornografie" zugeordnet. Hierbei handelt es sich aber nicht tatsächlich um Pornografie, denn diese dürfte im TV nicht gezeigt werden. Menschliche Geschlechtsteile und der Geschlechtsakt stehen nicht im Mittelpunkt der Soft-Sexfilme; ihr Fokus liegt eher auf der erotischen Darstellung von Beziehungen. Es gilt also festzuhalten, dass der Begriff Pornografie im alltäglichen Sprachgebrauch eine sehr breit gefächerte Definition einnimmt.[5]

Neben juristischen und alltagsweltlichen Definitionen finden sich auch eine Reihe wertender Definitionen, die zwischen pornografischen und erotischen Darstellungen unterscheiden. Pornografische Darstellungen werden dabei als grundsätzlich menschenverachtend, gewaltförmig und frauenverachtend eingestuft, während erotische Darstellungen von Sexualität akzeptiert werden. In die Diskussion um die Wertung von pornografischem Material sollten verschiedene Blickwinkel einfließen. Der Aspekt der sexistischen und/oder menschenverachtenden Darstellungsweisen, der Aspekt der Produktionsbedingungen sowie der Aspekt der normierten Vorstellungen von Sexualität spielen bei der Einschätzung eine gewichtige Rolle.[6]

Warum nutzen Jugendliche Pornografie?

Jungen benennen zwei Hauptmotive, wenn es um den Konsum pornografischen Materials geht. Sie nutzen Pornos zum Lernen und zur Wissenserweiterung; dabei geht es hauptsächlich um Informationen zu Sexualität im Allgemeinen, aber auch zum weiblichen Körper und vereinzelt auch darum, sexuelle Praktiken nachzuahmen. Wenn Mädchen in ihrer alltäglichen Interneterfahrung mit Pornografie in Kontakt kommen, lehnen sie

[5] Vgl. ebd.

[6] Vgl. ebd.

diese häufig als „eklig“ oder „abstoßend“ ab. Die Kenntnis von Mädchen bezüglich Pornografie ist deutlich geringer als die von Jungen.[7]

Jugendliche nutzen Pornografie nicht immer geplant. Durch Spam, E-Mails, den Klick auf einen erhaltenen Link oder eine Werbeanzeige können sie sehr schnell ungeplant mit pornografischen Darstellungen in Kontakt kommen. Jugendliche, die bewusst pornografisches Material konsumieren, tun dies mit verschiedenen Motiven. Sexuelle Erregung, Informationsgewinnung über sexuelle Praktiken sind dabei ebenso Motive wie soziale Funktionen (Mutprobe, Statusgewinn in der Peergroup, Neugierde, ...).[8]

Jugendliche und Pornografie – Nutzungszahlen

„An Pornografie zu gelangen, war noch nie so einfach und kostengünstig wie heute“.[9]

Als vorherrschende Quelle für den Bezug von pornografischem Material ist ohne Zweifel das Internet zu nennen. Die immer bessere technische Ausstattung von deutschen Haushalten mit schnellen Internetverbindungen und die immer wachsenden Möglichkeiten des „mobilen“ Internets machen es einfach, Pornografie zu konsumieren. Die Fachwelt spricht hierbei von sogenannten „Triple A“-Merkmalen, da über das Internet anonym (Anonymity), kostengünstig (Affordability) sowie ohne große Hürden und Hemmschwellen (Accessibility) der Zugang zu Pornografie möglich ist.[10]

Besonders ausländische Videoportale werden häufig zum Konsum von pornografischem Material genutzt. Seiten wie youporn.com verfügen über nicht ausreichende Altersverifizierungsmaßnahmen. Mit einem Klick ist der Zugang für Jugendliche möglich und pornografisches Material steht zur Verfügung.

---

[7] Vgl. Grimm, Petra (2010): Die Bedeutung von Pornografie in der Lebenswelt von Jugendlichen. Ergebnisse der Studie „Porno im Web 2.0“. In: Aktion Jugendschutz, Landesarbeitsstelle Bayern e.V: Projugend 4/2010: Da hat sich was verändert... Jugend. Medien. Pornografie. München, S. 5.

[8] Vgl. Kimmel, Birgit et al. (2011): a.a.O., S. 74.

[9] Grimm, Petra (2010): a.a.O., S. 4.

[10] Vgl. Kimmel, Birgit et al. (2011): a.a.O., S. 73.

Internetpornografie <–> Cybersex[11]

Internetpornografie und Cybersex bezeichnen zwei grundsätzlich unterschiedliche Phänomene. Während sich Internetpornografie ausschließlich auf das Betrachten von Bildern und Filmclips bezieht, also eine passive Konsumhaltung darstellt, sind beim Cybersex zwei reale Personen beteiligt und durch aktive Kommunikation über Chat oder Webcam (mit oder ohne Ton) verbunden und sexuell aktiv.[12]

Nach den Angaben der Jugendlichen kommen sie aber nicht ausschließlich über das Internet mit Pornografie in Berührung. Interessanterweise geben Jugendliche als Hauptmedium für den Konsum von Pornografie das Fernsehen an (43 %), obwohl dort Pornografie im eigentlichen Sinn nicht ausgestrahlt werden darf. Diese Tatsache lässt darauf schließen, dass Jugendliche einen sehr weitläufigen Definitionsbegriff von Pornografie verwenden.[13]

Auch wenn die Angaben von Jugendlichen über ihre persönlichen Erfahrungen mit pornografischem Material (zwischen 60 % - 80 % je nach Studie) sehr schwankend sind, kann festgehalten werden, dass Jungen weitaus häufiger Pornografie konsumieren als Mädchen. Außerdem ist der Konsum von Pornografie eher kein heimliches, privates Geschehen. Jugendliche nutzen pornografisches Material gemeinsam mit Freunden oder in Liebesbeziehungen, was enorme Einflüsse auf ihre Wahrnehmung, Wertung und emotionalen Reaktionen hat.[14]

Reaktionsweisen von Jugendlichen auf Pornografie

Jugendliche haben zu Pornografie sehr individuelle Einstellungen. Von unreflektierter Befürwortung bis hin zu kritischer Haltung oder prinzipieller Ablehnung ist die Spannbreite groß. Festzuhalten gilt, dass es in Bezug auf Nutzung und Bewertung von Pornografie erhebliche Unterschiede bei den Geschlechtern gibt. Jungen konsumieren Pornografie gezielter als Mädchen.[15]

---

[11] Ebd., S. 72.

[12] Auf das Thema Cybersex wird in diesem Beitrag nicht eingegangen. Der Artikel „Gefällt mir?! - Sexuelle Gewalt und soziale Netzwerke“ greift diese Problematik umfassend auf.

[13] Vgl. ebd., S. 74.

[14] Vgl. ebd., S. 73.

[15] Vgl. Grimm, Petra (2010): a.a.O., S. 5.

Nicht nur die Reaktionsweisen von Mädchen und Jungen in Bezug auf pornografisches Material sind unterschiedlich, auch die Bewertung unterscheidet sich enorm. Während für Jungen erotische Darstellungen eher als normal oder gar uninteressant abgetan werden und ihre persönliche Grenze zwischen Pornografie und „harter Pornografie", also Gewalt-, Tier- oder Sodomie-Pornos verläuft, ziehen Mädchen wesentlich früher die Grenze. Mädchen bewerten erotische Darstellungen als positiv, ihr Bewertungskriterium ist die Ästhetik der Darstellung. Situationen, die sie als „nuttig" bewerten würden, in denen Nacktheit und schamlose Direktheit dargestellt werden, lehnen sie ab. Wenn es um Pornografie geht, scheint sich ein traditionelles Geschlechterrollenbild zu verstetigen. Während der Pornokonsum von Jungs von den befragten Jugendlichen in der Studie von Petra Grimm eher positiv wahrgenommen wird, ist dies bei Mädchen genau andersrum; sie scheinen sich durch das Anschauen von Pornos zu disqualifizieren.[16] „Offen bleibt bei solchen Ergebnissen natürlich die Frage der sozialen Erwünschtheit. Dürfen Mädchen sich denn überhaupt von solchen Darstellungen angemacht fühlen? Gibt es nicht vielleicht auch einen Druck der Peers, der es Jungen schwer macht, ihre grundsätzliche Ablehnung von Pornografie zu äußern?"[17]

Wirkungsrisiken von Pornokonsum

Insgesamt ist anzumerken, dass die Forschung zu Wirkrisiken von Pornografie auf Jugendliche noch in den Kinderschuhen steckt. Zum momentanen Zeitpunkt gibt es dazu nur vereinzelte Studien, deshalb ist die Aussagekraft jeweils eher eine Orientierungshilfe statt eine abschließende Erkenntnis zur Thematik.

Prof. Dr. Petra Grimm und ihr Forschungsteam haben im zweiten Teil ihrer Studie „Porno im Web 2.0" Expert*innen aus den Bereichen Jugendpsychotherapie, Jugendpsychologie, Sexualpädagogik, Medizin, Sexualwissenschaft, Sozialpädagogik und Ethik nach den Wirkrisiken von Pornografie auf Jugendliche befragt.[18] Ein Fazit der Untersuchung, darin sind sich die Expert*innen einig, ist, dass es keine eindimensionalen Wirkmuster zu geben scheint. Vielmehr ist die Wirkung von Pornografie

---

[16] Vgl. ebd., S. 6.

[17] Lechthoff, Jörg (2010): „Wie geil ist das denn!?! Jungen und Pornografie in der sexualpädagogischen Arbeit. In: Blattmann, Sonja; Mebes, Marion (Hrsg.): Nur die Liebe fehlt...? Jugend zwischen Blümchensex und Hardcore. Sexuelle Bildung als Prävention. Köln: mebes & noack, S. 184.

[18] Vgl. Grimm, Petra (2010): a.a.O., S. 7.

eingebettet in ein komplexes Zusammenspiel von sozialem Umfeld, Bindungs- und Beziehungserfahrung, Medienkompetenz und Familiensituation der Jugendlichen. Je nach Alter und allgemeiner Medienkompetenz sind die Jugendlichen, so meinen die Expert*innen, auch durchaus in der Lage, zwischen Realität und in den Medien dargestellten pornografischen Inhalten unterscheiden zu können. Dennoch kann der Konsum von Pornografie einen Einfluss auf das Verhalten der Jugendlichen haben, wenn nämlich durch einen gewissen Gewöhnungseffekt die Vorstellung von Realität und davon, welches sexuelle Verhalten als normal gilt, geprägt werden.

Die befragten Expert*innen in der Studie von Frau Prof. Dr. Grimm haben Hypothesen formuliert, um die negativen Wirkweisen von Pornografie auf Jugendliche zu beschreiben[19]:

— Für Jungen kann ein sexueller Leistungsdruck durch den Konsum von Pornografie entstehen. Bei Mädchen kann ein Perfektionsdruck in Bezug auf ihr eigenes Körperbild verstetigt werden.

— Möglicherweise gibt es einen Zusammenhang zwischen der steigenden Verbreitung von Körpermodellierung bei Jugendlichen und dem Konsum von pornografischem Material (Stichwort Intimrasur oder Body-Modification).

— Eine individuelle, spielerische Herangehensweise, um die eigene Sexualität und Partnerschaft zu entdecken, wird möglicherweise überschattet von einer Vielzahl vorgegebener medial bzw. pornografisch geprägter Modelle. So kann gefolgert werden, dass Jugendliche, die Pornografie extensiv nutzen, eher die Modelle aus Pornografie und Medien übernehmen und ihre eigenen sexuellen Fantasien und Wünsche auf der Strecke bleiben.

— Das Frauen bzw. Männerbild kann durch den regelmäßigen Pornokonsum negativ beeinflusst werden („der Mann, der immer kann"; „die Frau, die durchgehend Lust auf Sex hat").

— Auch die Wertewelt der Jugendlichen kann durch den Konsum von pornografischem Material geprägt werden. So sind Frauenfeindlichkeit, Ausnutzung von Macht und die Verknüpfung von Aggression und Sexualität häufige Darstellungsmuster in Pornos. Hier kann es, durch

[19] Vgl. ebd., S. 7.

massiven Konsum, zu einer Verschiebung von realen Normen und Wertevorstellungen kommen.

Nicht nur die Wirkweisen von Pornografie können für Jugendliche zur Problemlage werden. Es gibt auch damit verbundene Schwierigkeiten, die für Jugendliche als nicht lösbar erscheinen. So wurden an das Dr.-Sommer-Team der BRAVO Fragen herangetragen, was Minderjährige tun sollen, wenn kostenpflichtige Pornoseiten aufgesucht wurden. In einem exemplarischen Fall schrieb ein verzweifelter Junge, dass er lieber durch einen Ferienjob die Rechnung des Pornoanbieters abgearbeitet hätte als seinen Eltern davon zu erzählen.[20]

Wenn hauptberufliche Mitarbeiter*innen der Jugendarbeit Kenntnis erlangen, dass Kinder (also unter 14-Jährige), Pornografie konsumieren, sind sie aufgefordert zu prüfen, ob im jeweiligen Fall ein gewichtiger Anhaltspunkt für eine Kindeswohlgefährdung vorliegt. Dies kann ein Verfahren zur Abklärung nach § 8a SGB VIII nach sich ziehen. Besonders zu beleuchten ist das Element, wie die Kinder Zugang zu den Pornos erlangt haben. Das Zugänglichmachen von Pornografie für Kinder wird nach dem Strafgesetzbuch als sexueller Missbrauch eingestuft.[21]

Zusammenfassung

Der Zugang zur Pornografie ist besonders durch das (mobile) Internet für Jugendliche leichter denn je. Die mangelnden Sicherheitsbestimmungen von (ausländischen) Videoplattformen machen pornografisches Material für Jugendliche leicht zugänglich.

Dass Jugendliche, egal ob bewusst oder unbewusst, gewollt oder ungewollt mit Pornografie in Berührung kommen, scheint (fast) unbestritten. Pornografisches Material ist eine von mehreren Quellen, über die sich Jugendliche Wissen zu Sexualität erschließen. Die Motive und die Art und Weise, wie Jugendliche dieses Material konsumieren, ist sehr unterschiedlich. Während Jungen eher gezielt pornografisches Material nutzen, tun Mädchen dies wesentlich unsystematischer. Auch ziehen Mädchen viel früher die Grenze, wenn es um die positive Bewertung von sexualisierten Inhalten geht. Unrealistische und falsche Vorstellungen zu Sexualität

[20] Vgl. Kniep, Marthe Anna (2012): a. a. O., S. 276.

[21] Vgl. Kimmel, Birgit (2014): Let´s talk about Porno. Pornografie als Thema in der Jugendarbeit und Schule. In: AMYNA e. V. - GrenzwertICH: „War doch nur Spaß…"? Sexuelle Übergriffe durch Jugendliche verhindern. München: AMYNA, S. 115.

können sich insbesondere dann bei Jugendlichen verstetigen, wenn anderweitige meinungsbildende Angebote ausbleiben. „Neben einem generellen Erwartungsdruck kann der Konsum von Pornografie aber auch ganz unmittelbar Einfluss auf das eigene Sexualverhalten nehmen.

So ist Analverkehr, der in Pornos häufig zu sehen ist, heute für Jugendliche eine durchaus bekannte Sexualtechnik, während er vor Jahrzehnten fast unbekannt bzw. durchgängig tabuisiert war.“[22]

Die große Sprachlosigkeit von erwachsenen Bezugspersonen (Eltern, Pädagog*innen, Mitarbeiter*innen der Jugendarbeit, ...) zum Thema Sexualität verweigert den Jugendlichen klare Informationen, um zu einer sexuellen Selbstbestimmung, frei von vorgegaukelten Mythen und Rollenbildern, zu gelangen. Insbesondere für Jugendliche in Coming-Out-Prozessen kann die Suche nach einer sexuellen Identität eine große Aufgabe mit vielen Fragezeichen darstellen. Sie brauchen Vertrauenspersonen, die sie auf ihrem Weg begleiten und nicht mit Achselzucken zusehen, wie Jugendliche durch den Konsum von Pornografie und Recherche auf Homepages Antworten suchen, die sie dort nicht finden. „Erwachsene dürfen nicht den Fehler machen, zu denken, dass Jugendliche im Internetzeitalter alles über Sexualität wüssten. Denn der Konsum Jugendlicher von Pornografie und der leichte Zugang zu Informationen über Sexualität im Internet darf nicht als stattgefundene Aufklärung fehlinterpretiert werden.“[23]

Zur Wirkung von Pornografie auf Jugendliche gibt es keine genauen Daten, jedoch haben Expert*innen in einer Umfrage (vgl. Grimm et al.) einige Wirkungs-Hypothesen zusammengetragen. Auch wenn die Nutzung von Pornografie nicht zwingend eine negative Wirkung auf die Entwicklung von Jugendlichen haben muss, scheint es wahrscheinlich, dass ein negativer Einfluss des Konsums sich dann einstellt, wenn dies einhergeht mit einer Vielzahl anderer Einflussfaktoren (z. B. soziales Umfeld, Bindungs- und Beziehungserfahrung, Medienkompetenz und Familiensituation der Jugendlichen). Das heißt, je stabiler und tragfähiger die anderen Einflussfaktoren (soziales Umfeld, ...) sind, desto weniger ist davon auszugehen, dass sich eine negative Wirkung auf die Entwicklung der Jugendlichen zeigt. Aus dieser Tatsache lässt sich auch die Notwendigkeit ableiten aktiv zu werden in der Präventionsarbeit.

---

[22] Ebd., S. 119.

[23] Ebd., S. 277.

Vor allem der Bereich der Medienkompetenz und das Werte- und Normensystem der Jugendlichen bieten eine Vielzahl von Ansatzmöglichkeiten, um präventiv und kritisch den Pornokonsum von Jugendlichen zu hinterfragen. Diese Ansatzpunkte der Prävention sollen im Folgenden schrittweise erörtert werden.

Wie kann eine erfolgreiche Präventionsarbeit aussehen?

Medienschutz verbessern

Pornografie wird per se als „jugendgefährdend“ bewertet. Deshalb gilt es im Sinne des ordnungsrechtlichen Jugendschutz zu prüfen, inwieweit Jugendliche besser davor geschützt werden können, mit pornografischem Material in Berührung zu kommen.

Besonders Einrichtungen der Jugendarbeit (zum Beispiel ein Jugendtreff etc.), in denen Jugendlichen der Zugang zum Internet möglich ist, sind aufgefordert, ihre Filtersoftware regelmäßig zu prüfen und zu aktualisieren. Nachdem bekannt ist, dass besonders ausländische Videoplattformen wie „youporn“ durch mangelnde Altersverifikationssysteme den Zugang zur Pornografie für Jugendliche leicht machen, sind diese Seiten zu blocken bzw. der Zugang dazu zu sperren. Es liegt in der Verantwortung der zuständigen Mitarbeiter*innen, die Zugänge zu pornografischem Material innerhalb der Jugendarbeit unmöglich zu machen.[24]

Medienkompetenz der Jugendlichen stärken

„Wenn Jugendliche einen nicht unerheblichen Teil ihrer Sexualaufklärung und ihrer sexuell-partnerschaftlichen Weltanschauung aus Pornos beziehen, dann ist es umso notwendiger, dass Eltern, Lehrkräfte und pädagogische Fachkräfte dem etwas entgegenhalten.“[25]

Jugendliche sind darauf angewiesen, eine Orientierungshilfe zu erhalten, damit die konsumierten Informationen und Bilder verarbeitet und reflektiert werden können. Es bedarf also einer Kombination aus sexualpädagogischen und medienpädagogischen Inhalten, um Jugendlichen ein adäquates Unterstützungsangebot bieten zu können. Als Leitlinie könnte

---

[24] Vgl. Junge, Torsten (2012): Pornografie in der Jugendarbeit. In: Schuegraf, Martina; Tillmann, Angela (Hrsg.): Pornografisierung von Gesellschaft. Perspektiven aus Theorie, Empirie und Praxis. Konstanz und München: UVK Verlagsgesellschaft mbH, S. 315.

[25] Kimmel, Birgit et al. (2011): a. a. O., S. 8.

gelten: „Wenn eine 13jährige nach dem Anschauen eines Pornofilms Fragen hat, bekommt sie eine Antwort. Sie erhält neben der konkreten Antwort auf ihre Frage, jedoch auch den Hinweis, dass Pornos erst ab 18 Jahren angeschaut werden dürfen.“[26]

In der Jugendarbeit gibt es Frei- und Schonräume, die es ermöglichen, Fragen zu Sexualität und Aufklärung offen zu behandeln. Diese Freiheiten stehen im Gegensatz zum Bildungsraum Schule, wo es klare curriculare Beschränkungen gibt. Ehren- und hauptamtliche Mitarbeiter*innen der Jugendarbeit können dadurch zielgruppenspezifischer und schneller auf Bedarfe von Jugendlichen reagieren. Ziel von Projekten zu diesem Themenfeld sollte es sein, die mediale Konstruktion von Sexualität, Erotik und Pornografie zu entschlüsseln. Es braucht eine kritische Auseinandersetzung, um die mediale Inszenierung zu hinterfragen.[27]

Mit Vollendung des dreizehnten Lebensjahres sind Jugendliche strafmündig. Dies bedeutet im Hinblick auf die Nutzung von pornografischem Material, dass sie sich durchaus auch im strafrechtlich relevanten Bereich befinden, wenn sie pornografisches Material an Freunde oder Bekannte zum Beispiel per SMS oder Mail weiterverbreiten. Oder anders gesagt: Die Verbreitung von pornografischem Material ist auch für Jugendliche verboten und ab 14 Jahre können sie für diese Tat verurteilt werden. Auch diesbezüglich müssen Jugendliche informiert werden, damit ihnen die Konsequenzen ihres Handelns bewusst werden.

Zusammenfassend gibt es verschiedene Ansatzpunkte und Perspektiven, die in der Präventionsarbeit verknüpft werden sollten. Als sinnvoll und notwendig werden von Prof. Dr. Grimm folgende formuliert[28]:

- Um einer unkritischen Übernahme von pornografischen Skripts entgegenzuwirken, brauchen Jugendliche auch mediale alternative Modelle.
- Die in Pornos dargestellten stereotypen Geschlechterrollen erfordern eine kritische Auseinandersetzung und Reflexion.
- In Bezug auf den Konsum von pornografischem Material gilt es, die Geschlechtszuweisungen („cooler Checker“ versus „Schlampe‘) differenziert zu beleuchten.

---

[26] Kniep, Marthe Anna (2012): a. a. O., S. 273.

[27] Vgl. Junge, Thomas (2012): a. a. O., S. 314 ff.

[28] Vgl. Grimm, Petra (2010): a. a. O., S. 8.

- Eine Differenzierung von „Real Life“ und der dargestellten Welt im Porno sollte einen wichtigen Aspekt der Präventionsarbeit darstellen. Ziel ist es, Jugendlichen die Entschlüsselung von Realität und Fiktion zu erleichtern.
- Um eine eigenständige Haltung zu Beziehung und Sexualität entwickeln zu können, die die individuellen Bedürfnisse und Wünsche aufgreift und deren Grenzen formuliert, brauchen Jugendliche Räume und Möglichkeiten, diese zu erarbeiten.
- Als weiteren Schritt gilt es, Jugendlichen einen Perspektivwechsel zu ermöglichen, um die Wünsche, Bedürfnisse und Grenzen des/der Beziehungs- und Sexualpartner*in erkennen zu können.
- Um pornografische Materialien einordnen zu können, brauchen Jugendliche eine Auseinandersetzung mit den gesellschaftlichen Wertevorstellungen und Normen, damit sie auf dieser Grundlage die Darstellung im Porno reflektieren können.
- Frauenfeindlichkeit, Gewalt und Macht sind wichtige Aspekte der Darstellung und Produktionsbedingungen von Pornografie; diese gilt es gemeinsam mit den Jugendlichen kritisch zu beleuchten.
- Mediale Vorbilder prägen das Streben nach einer Perfektionierung des Körpers (Stichwort: Body-Modification); auch hier gilt es, diese Vorbilder kritisch zu hinterfragen.

Standortbestimmung für Mitarbeiter*innen

Um erfolgreich Präventionsangebote durchführen zu können, ist es unumgänglich, dass Mitarbeiter*innen, egal ob ehren- oder hauptamtlich, ihre eigene Position und Einstellung zum Thema Pornografie reflektieren, bevor sie beginnen, mit Jugendlichen präventiv zu arbeiten. Es geht darum, den persönlichen Standpunkt als solchen transparent und hinterfragbar zu machen und so Jugendlichen eine Möglichkeit zu bieten, eine eigene persönliche Stellung zur Thematik zu entwickeln. Pornografie berührt einen intimen Bereich unseres Lebens und ruft verschiedene Gefühle und Emotionen in uns hervor, sei es sexuelle Erregung, Abwehr, Ärger, Ekel, Verwirrung oder ähnliches. Mitarbeiter*innen brauchen in einem ersten Schritt eine kritische Auseinandersetzung mit ihren persönlichen (häufig sehr starken) Gefühlen, um ihre persönliche Haltung zu verdichten. Wenn die eigene Position gefestigt ist, fällt es leichter, Angebote zur Diskussion und Reflexion zu machen. Geprägt sind unsere Einstellungen durch gesellschaftliche, individuelle Moralvorstellungen und auch durch kulturelle und religiöse Normen. Familientraditionen, persönliche Erfahrungen und vieles mehr komplimentieren die eigene Haltung. Umso klarer diese Haltung ist, desto leichter wird es Mitarbeiter*innen fallen, mit Jugendlichen über Pornografienutzung zu sprechen. Wichtig ist dabei, dass es gelingt, einen Raum zu schaffen, in dem auch andere Meinungen offen artikuliert werden können, ohne abgewertet zu werden. Um mit Jugendlichen gut ins Gespräch zu kommen, ist dies eine Voraussetzung.

Konkrete Praxistipps für die Jugendarbeit

Die Arbeitshilfe „Let's talk about Porno" von Birgit Kimmel (u. a.) bietet eine Vielzahl von Anregungen, wie mit Jugendlichen präventiv zur Thematik gearbeitet werden kann. Eine Gruppenstunde zum Thema Pornografie ist jedoch nicht der beste Einstieg in dieses Themenfeld, sondern sollte erst angeboten werden, wenn sich Gruppenleiter*in und Teilnehmer*innen schon schrittweise anderen Themen der Sexualpädagogik und Prävention genähert haben. Gute Methoden zum Einstieg in die sexualpädagogische Arbeit finden sich beispielsweise in der Arbeitshilfe der KjG Bundesebene „Erste allgemeine Verunsicherung". Unter dem Titel „Sexualpädagogik der Vielfalt" haben Elisabeth Tuider, Mario Müller und andere Praxismethoden zu Identitäten, Beziehungen, Körper und Prävention für Schule und Jugendarbeit zusammengefasst.[29]

Aber Achtung! Das Zeigen von pornografischem Material ist kein adäquates Mittel, um mit Jugendlichen zum Thema Pornografie zu arbeiten. Mitarbeiter*innen (egal ob ehren- oder hauptamtlich) machen sich strafbar, wenn sie dies tun!

Elementar wichtig für die sexualpädagogische Arbeit im Allgemeinen sind Regeln, die die Vertraulichkeit und den gegenseitigen Respekt innerhalb der Gruppe stärken. Aufgabe der Gruppenleitung ist es, für die Einhaltung solcher Regeln zu sorgen. Ganz konkret könnten diese wie folgt formuliert werden[30]:

---

[29] Vgl. Tunider, Elisabeth et al. (2012): Sexualpädagogik der Vielfalt. Praxismethoden zu Identitäten, Beziehungen, Körper und Prävention für Schule und Jugendarbeit. Weinheim und Basel: Belz Verlag.

[30] Vgl. Bundesstelle der Katholischen Jungen Gemeinde e. V. (Hrsg.) (2010): Erste allgemeine Verunsicherung. Sexualpädagogik in der KjG. Düsseldorf: KjG Bundesstelle, S. 6.

- Alles, was hier in der Gruppe gesagt wird, bleibt unter uns!
- Was und wie viel jede oder jeder erzählen oder tun möchte, ist eine persönliche Entscheidung.
- Bemerkungen, die verletzend sind, sind absolut tabu!
- Falsche Fragen oder Antworten gibt es nicht.

Einige Worte zum Schluss ...

Die Jugend von heute ist nicht prinzipiell „sexuell verwahrlost" und nicht alle Jugendlichen brauchen Unterstützung, um die Darstellungen von Sexualität und Pornografie in den Medien zu entschlüsseln.

Es gilt festzuhalten, dass insbesondere die Jugendarbeit Kindern und Jugendlichen eine Fülle an Räumen eröffnen kann, um ihre eigenen Normen und Wertevorstellungen zu prüfen. Auf dieser Grundlage können Meinungen und Haltungen, zum Beispiel zum Themenbereich „Pornografie", kritisch beleuchtet werden. Es wäre schön, wenn Mitarbeiter*innen, egal ob ehren- oder hauptamtlich, mutig bleiben oder werden, diese Räume in der Jugendarbeit zu eröffnen. Damit können sie einen erheblichen Beitrag zur Persönlichkeitsentwicklung junger Menschen leisten.

Literatur

- Bundesstelle der Katholischen Jungen Gemeinde e. V. (Hrsg.) (2010): Erste allgemeine Verunsicherung. Sexualpädagogik in der KjG. Düsseldorf: KjG Bundesstelle.
- Grimm, Petra (2010): Die Bedeutung von Pornografie in der Lebenswelt von Jugendlichen. Ergebnisse der Studie „Porno im Web 2.0". In: Aktion Jugendschutz, Landesarbeitsstelle Bayern e.V: Projugend 4/2010: Da hat sich was verändert... Jugend. Medien. Pornografie. München. S. 4-8.
- Junge, Torsten (2012): Pornografie in der Jugendarbeit. In: Schuegraf, Martina; Tillmann, Angela (Hrsg.): Pornografisierung von Gesellschaft. Perspektiven aus Theorie, Empirie und Praxis. Konstanz und München: UVK Verlagsgesellschaft mbH. S. 311-322.
- Kimmel, Birgit (2014): Let's talk about Porno. Pornografie als Thema in der Jugendarbeit und Schule. In: AMYNA e. V. | GrenzwertICH: „War doch nur Spaß..."? Sexuelle Übergriffe durch Jugendliche verhindern. München: AMYNA. S. 111-128.
- Kimmel, Birgit; Rack, Stefanie; Schell, Constantin (u. a.) (2011): Let's talk about Porno. Jugendsexualität, Internet, Pornografie. Arbeitsmaterialien für Schule und Jugendarbeit. Ludwigshafen.
- Kniep, Marthe Anna (2012): Jugend, Porno, Medien! Die Aufklärungsarbeit der Jugendzeitschrift BRAVO. In: Schuegraf, Martina; Tillmann, Angela (Hrsg.): Pornografisierung von Gesellschaft. Perspektiven aus Theorie, Empirie und Praxis. Konstanz und München: UVK Verlagsgesellschaft mbH. S. 269-277.
- Lechthoff, Jörg (2010): „Wie geil ist das denn!?! Jungen und Pornografie in der sexualpädagogischen Arbeit. In: Blattmann, Sonja; Mebes, Marion (Hrsg.): Nur die Liebe fehlt...? Jugend zwischen Blümchensex und Hardcore. Sexuelle Bildung als Prävention. Köln: mebes & noack. S. 180-190.
- Liesching, Marc (2012): Jugendschutz bei sexuell-orientierten Medien. In: Schuegraf, Martina; Tillmann, Angela (Hrsg.): Pornografisierung von Gesellschaft. Perspektiven aus Theorie, Empirie und Praxis. Konstanz und München: UVK Verlagsgesellschaft mbH. S. 289-298.

- Mittag, Marion (2010): Jugendsexualität in einer sexualisierten Gesellschaft. Mädchen zwischen Moralvorstellungen, Mode und Marketing. In: Blattmann, Sonja; Mebes, Marion (Hrsg.): Nur die Liebe fehlt...? Jugend zwischen Blümchensex und Hardcore. Sexuelle Bildung als Prävention. Köln: mebes & noack. S. 103-113.
- Pfeiffer, Zara (2012): Betreten verboten! Wie Jugendliche mit Pornografie umgehen. Unveröffentlichtes Manuskript.
- Tunider, Elisabeth; Müller, Mario; Timmermanns, Stefan; Bruns-Bachmann, Petra; Koppermann, Carola (2012): Sexualpädagogik der Vielfalt. Praxismethoden zu Identitäten, Beziehungen, Körper und Prävention für Schule und Jugendarbeit. Weinheim und Basel: Belz Verlag.

Gefällt mir?!

Soziale Netzwerke und sexuelle Gewalt

Facebook, WhatsApp, Instagram – das sind nur drei Beispiele von Online-Communities, die Jugendliche nutzen. Auch die Jugendarbeit hat den Vorteil dieser Netzwerke längst erkannt und so gehört es mittlerweile meist zum Standard der Öffentlichkeitsarbeit die News des Verbandes zu posten, damit sie von den Mitgliedern „geliked" werden können. Veranstaltungen und Konferenzen werden fast in Echtzeit über die sozialen Netzwerke kommentiert, damit auch die „Daheimgebliebenen" so gut wie nichts verpassen.

Soziale Netzwerke haben viele Vorteile. Es gibt jedoch auch Risiken. Beides soll in diesem Artikel kritisch beleuchtet werden.

Gegliedert ist dieser Beitrag in drei Hauptteile. Zunächst wird der Begriff Social Networking Services definiert und anschließend die Frage erörtert, wie häufig und wozu Kinder und Jugendliche Online-Communities nutzen. Die Frage nach dem Zusammenhang von sexueller Gewalt und den „neuen" Medien rundet das Kompaktwissen ab.

Nach einer kurzen Zusammenfassung werden die Herausforderungen für Mitarbeiter*innen der Jugendarbeit erörtert. Was gilt es zu tun bzw. zu vermitteln? Welche Ansätze der Prävention sind denkbar?

Der Beitrag schließt ab mit konkreten Ideen für die Praxis der Jugendarbeit und möchte so den Mitarbeiter*innen Grundlageninformationen zum Thema und Impulse für die Praxis bieten.

Kompaktwissen

Social Networking Service/soziale Netzwerke/Online-Communities – eine Definition

Unter Social Networking Services (SNS), auch soziale Netzwerke oder Online-Communities genannt, werden webbasierte Plattformen verstanden.

Sie bieten Nutzer*innen die Möglichkeit, eigene Profile anzulegen, mit Anderen Kontakt aufzunehmen und je nach persönlichen Voreinstellungen auf der Plattform Meinungen, Neuigkeiten, Nachrichten, Fotos usw. auszutauschen.[1]

Soziale Netzwerke sind also so etwas wie Online-Kontaktbörsen, auf denen die Nutzer*innen Informationen über ihr Leben mit anderen teilen und sich austauschen können. Je nach Nutzungsverhalten der Kinder und Jugendlichen stellen sie virtuelle Lebensräume dar, in denen sich die Mädchen und Jungen wie selbstverständlich bewegen.

Nutzung von Online-Communities durch Jugendliche

Der medienpädagogische Forschungsverbund Südwest veröffentlicht jährlich Basisuntersuchungen zum Medienumgang von Kindern und Jugendlichen (JIM-Studie). Diese Studien bieten empirisch gut belegte Daten über das tatsächliche Mediennutzungsverhalten von Kindern und Jugendlichen.

Die Nutzung von Medien spielt im Alltag von Jugendlichen eine beachtliche Rolle. „Praktisch jeder Zwölf- bis 19jährige besitzt ein eigenes Handy (98 %), bei 92 Prozent handelt es sich um ein Smartphone. Neun von zehn Jugendlichen können vom eigenen Zimmer aus mit einem Tablet, Laptop oder Computer ins Internet gehen.“[2]

Die Handy- und Internetnutzung zählt zum festen Alltagsrepertoire der Jugendlichen. „Neun von zehn Jugendlichen nutzen ihr Mobiltelefon täglich. Auf Platz zwei folgt das Internet, dessen Dienste vier Fünftel täglich in Anspruch nehmen“.[3]

Auch mit Blick auf die subjektive Wichtigkeit der Medien gilt festzuhalten, dass heute Jugendliche die Nutzung des Internets als wichtigste Tätigkeit einschätzen. 2013 wurde dagegen noch Musikhören als wichtigste Medientätigkeit genannt.[4]

---

[1] Vgl. Tillmann, Angela (2012): MyBody – MySelf: Körper- und Geschlechter(re)konstruktionen in sozialen Netzwerken. In: Suegraf, Martina; Tillmann, Angela (Hrsg.): Pornofizierung von Gesellschaft. Perspektiven aus Theorie, Empirie und Praxis. Konstanz: UVK Verlagsgesellschaft mbH, S. 159.

[2] Medienpädagogischer Forschungsverbund Südwest (Hrsg.) (2015): JIM 2015. Jugend, Information, (Multi-)Media. Basisstudie zum Medienumgang 12- bis 19-Jähriger in Deutschland. Stuttgart, S. 7.

[3] Ebd., S. 11.

[4] Vgl. ebd., S. 15.

Aber welche Anwendungen und Dienste nutzen Jugendliche, um im Internet zu kommunizieren? Oder noch genauer gefragt, wie oft beteiligen sie sich an sozialen Netzwerken?

„Hier liegt WhatsApp in der täglichen Nutzung mit 85 Prozent uneinholbar vorne, Online-Communities allgemein (39 %) bzw. Facebook (38 %) folgen mit weitem Abstand. Jeweils knapp ein Viertel der Jugendlichen verschickt oder empfängt täglich E-Mails (23 %)."[5] Die Nutzung von Online-Communities steigt im Altersverlauf. Auch wenn ein Rückgang bei der regelmäßigen Nutzung erkennbar ist, so sind dennoch fast drei Viertel der jugendlichen Internet-Nutzer*innen in einer Online-Community aktiv.[6] Es ist also nicht nur ein Gerücht, sondern eine empirisch belegte Tatsache: Kinder und Jugendliche verbringen viel Zeit in Online-Communities. Facebook und Co. stellen somit wichtige Sozialräume für Mädchen und Jungen dar.

Warum nutzen Jugendliche soziale Netzwerke?

Wenn Mädchen und Jungen offensichtlich so viel Zeit in Online-Communities verbringen, ist die Frage naheliegend, warum sie das tun und wie sie diese für sich nutzen.

„Zu den am häufigsten ausgeübten Tätigkeiten innerhalb der Community zählt das Verschicken von Nachrichten (täglich/mehrmals pro Woche 85 %). Es folgen mit Abstand das Chatten innerhalb der Community (65 %) und das sogenannte „liken" (64 %), mit dem die Nutzer*innen zum Ausdruck bringen, dass ihnen eine Nachricht, eine Meinung, ein Bild oder ein Video in einem sozialen Netzwerk gefällt."[7] Die Suche nach neuen Kontakten spielt mit 26 % ebenfalls eine bedeutsame Rolle.

Aus entwicklungspsychologischer Sicht können soziale Netzwerke Jugendliche insbesondere bei zwei Herausforderungen auf dem Weg zum Erwachsenwerden unterstützen: Die Entwicklung einer persönlichen Identität ebenso wie der Aufbau von persönlichen Beziehungen sind beides Grundaufgaben der Adoleszenz. Online-Communities wie Facebook bieten Jugendlichen durch die Erstellung eines eigenen Profils die Möglichkeit verschiedene Identitätsmodelle für eine bestimmte Zeit auszuprobieren, auf ihre Stimmigkeit zu überprüfen und von einer Vielzahl mehr oder

---

[5] Ebd., S. 32.

[6] Vgl. ebd., S. 37.

[7] Ebd., S. 37.

weniger bekannter Menschen eine Reaktion bzw. eine Rückmeldung zu erhalten. Dies kann den Jugendlichen bei der eigenen Identitätsverortung helfen.[8]

Auch bei einer weiteren großen Aufgabe der Pubertät, dem Aufbau von ersten partnerschaftlichen Beziehungen, bieten Online-Communities Unterstützung. Durch die Zwischenschaltung der Online-Plattform scheint es vielen Jugendlichen leichter zu fallen andere Personen zu kontaktieren (siehe Zahlen in Bezug auf Chatten und Versenden von Nachrichten). Nervosität und Unsicherheit fallen nicht direkt auf und die Kommunikation im Chat lässt den Jugendlichen mehr Zeit, ihre Antworten ausgefeilter zu gestalten. Das Chatten innerhalb der Community ersetzt nicht den persönlichen Kontakt, kann jedoch erste Befangenheiten nehmen.[9]

Die Selbstpräsentation spielt also bei der Nutzung von sozialen Netzwerken eine gewichtige Rolle. Es geht um eine (körperliche) Inszenierung über gezieltes Posing, spezielle Kameraperspektiven etc. der eigenen Person, die Pflege von Beziehungen, das Knüpfen neuer Kontakte und die Suche nach Anerkennung. Dabei sind manchmal auch sexuelle Konnotationen eine Folge im Ringen um Aufmerksamkeit (z. B. laszive Blicke oder freizügige Bekleidung).[10]

Zu welchem Zweck nutzen Jugendliche soziale Netzwerke noch? Neben der Selbstpräsentation scheint auch die Fremdpräsentation eine nicht unerhebliche Rolle zu spielen. Jugendliche markieren ihre Freunde auf Fotos oder in Beiträgen und veröffentlichen so auch Informationen über andere. Dabei gibt es offensichtlich in Peergroups und Freundschaftsverbänden informelle Spielregeln, was von anderen gezeigt bzw. veröffentlicht werden darf und was nicht.[11]

---

[8] Vgl. Kottman, Matthias (2009): Social Networks - das Internet als Bühne der Selbstdarstellung. Darstellung, Nutzungsanreize und pädagogische Konsequenzen von Web 2.0. In: BzgA: Forum Sexualaufklärung und Familienplanung: Medien. 1/2009. Köln, S. 41.

[9] Vgl. ebd., S. 41.

[10] Vgl. Reißmann, Wolfgang; Schulz, Iren (2012): Jugendliche, digitale Medien und der Umgang mit sexualisierten Inhalten. In: Suegraf, Martina; Tillmann, Angela (Hrsg.): Pornofizierung von Gesellschaft. Perspektiven aus Theorie, Empirie und Praxis. Konstanz: UVK Verlagsgesellschaft mbH, S. 175.

[11] Vgl. ebd., S. 175.

Sogenanntes „Sexting“ spielt beim Versenden von Nachrichten eine erhebliche Rolle. „Was ursprünglich als Austausch erotischer Textnachrichten begann, entwickelte sich – nicht zuletzt durch die einfache Handhabung des Versendens von Bildern – hin zu einem Versand eigener erotischer oder aufreizender Bilder [...]. Meist geschieht dies zunächst einvernehmlich und vertraulich im Rahmen einer Beziehung. Allerdings besteht auch hier die Gefahr, dass diese Bilder weitergegeben werden können und sich rasch verbreiten. Bei intimen Bildern kann ein solcher Vertrauensmissbrauch eine starke Beeinträchtigung bedeuten. Das der Versand solcher Bilder durchaus üblich ist, zeigt sich daran, dass jeder vierte Jugendliche bestätigen kann, dass solche Bilder im Freundes- und Bekanntenkreis verschickt wurden.“[12]

Ohne dass dies den Jugendlichen in der Regel bewusst ist, kann sich hierbei oft ein Straftatbestand in Bezug auf geltendes Sexualstrafrecht ergeben. Die Verbreitung bzw. die Weiterleitung von pornografischem Material an Jugendliche unter 18 Jahren ist strafbar. Ab dem Alter von 14 Jahren sind Jugendliche strafmündig und können für diese Taten belangt werden. Außerdem werden die Persönlichkeitsrechte der fotografierten Person missachtet, was ein weiteres Delikt (§ 22 KunstUrhG)[13] darstellt. Dieses Beispiel zeigt deutlich, dass die Nutzung von sozialen Netzwerken für Jugendliche viele Chancen, aber auch einige Risiken beinhaltet.

Sicherheit und Datenschutz in sozialen Netzwerken

In Bezug auf Jugendliche kann festgehalten werden, dass die intensive öffentliche Debatte des Themas offenbar Früchte getragen hat. „Es zeigt sich, dass der Großteil der Informationen „nur“ für alle Freunde in der Community einsehbar ist und damit in der Wahrnehmung der Jugendlichen ausreichend geschützt ist.“[14] Bei einer durchschnittlichen Anzahl von 270 „Freunden“ ist der Höhepunkt der Umfragewerte erreicht. Was zunächst so positiv klingt, gilt es dennoch auch auf dem Hintergrund der Datenschutzdiskussion kritisch zu beleuchten: Wie privat sind Informationen, wenn sie mit 270 anderen Personen geteilt werden?[15]

---

[12] Medienpädagogischer Forschungsverbund Südwest (Hrsg.) (2015): a.a.O., S. 51.

[13] Vgl. Bundesministerium der Justiz. § 22 KunstUrhG http://www.gesetze-im-internet.de/kunsturhg/__22.html (abgerufen am 16.07.2013).

[14] Vgl. Medienpädagogischer Forschungsverbund Südwest (Hrsg.) (2013): JIM 2013. Jugend, Information, (Multi-)Media. Basisstudie zum Medienumgang 12- bis 19-Jähriger in Deutschland. Stuttgart, S. 42.

[15] Vgl. ebd., S. 42.

Es bleibt daher eine spannende Herausforderung, die Diskussion um Datenschutz und Sicherheit weiter kritisch zu begleiten, um Kindern und Jugendlichen eine Orientierungshilfe zu geben und ihre Handlungskompetenz zu stärken.

Tatort Internet – Sexuelle Gewalt in den „neuen" Medien

Nationale und internationale Studien zeigen, dass die Nutzung von Online-Communities nicht immer unproblematisch ist. Die virtuellen Treffpunkte eignen sich besonders gut für neue Formen von Übergriffen wie „Online-Grooming"[16] und „sexuelle Online-Viktimisierungen". Durch fehlende Datenschutz- bzw. Kontroll- und Sanktionsmechanismen sowie die Möglichkeit der Anonymität bieten sie einen idealen Tatort für sexuelle Gewalt.[17]

Online-Grooming

TäterInnen treten über das Internet (Chatrooms, Communities etc.) gezielt an Kinder heran, indem sie sich mitunter selbst als Kinder ausgeben, um sich mit ihnen anzufreunden. Hierbei besteht die Gefahr der Ausnutzung des Vertrauens bis hin zu sexuellen Übergriffen.[18]

Sexuelle Online-Viktimisierung

Kinder und Jugendliche werden im Internet Opfer sexueller Gewalt. Die Tatorte (Chat, Video-Plattform, Mail) können wie die Arten sexueller Übergriffe unterschiedliche Formen annehmen.

Um für die Prävention von sexueller Online-Viktimisierung Weichen stellen zu können, ist es wichtig, sich zunächst mit der Frage zu beschäftigen, welche Formen sexueller Gewalt im Internet überhaupt auftreten. Daraus ergeben sich wichtige Ansatzpunkte für die Prävention. Catarina Katzer hat in ihrer Forschungsarbeit fünf Formen sexueller Gewalt benannt, die im Internet zu beobachten sind[19]:

---

[16] Also eine Anbahnung im Internet, mit dem Ziel, sexuelle Kontakte herzustellen.

[17] Vgl. Katzer, Catarina (2011): Tatort Internet - Sexuelle Gewalt in den neuen Medien: Problemanalyse, Prävention und Intervention. In: Ev.-Luth. Landesjugendpfarramt Sachsen (Hrsg.): Auswirkungen von sexualisierter Gewalt auf Kinder und Jugendliche und notwendige Konsequenzen. Materialheft zum Fachtag „Sexualisierte Gewalt" am 30. Mai 2011 in Leipzig. Dresden, S. 13.

[18] Ebd., S. 13.

[19] Vgl. ebd., S. 14.

- direkte sexuelle Übergriffe online auf Minderjährige, z. B. in Chatrooms durch sexualisierte Gespräche
- Vertrauensaufbau („Grooming") über das Internet zur Anbahnung realer Treffen mit dem Ziel sexueller Übergriffe
- sexuelle Viktimisierung über Videoplattformen, z. B. die Veröffentlichung eines Handyclips einer Vergewaltigung eines jungen Mädchens in der Schultoilette
- kommerzielle Erstellung und Verbreitung von Kinderpornografie über das Internet
- Kommunikation gleichgesinnter Straftäter

Unerwünschte Kommunikation über sexuelle Themen, der unerwünschte Erhalt von pornografischem Material sowie die Aufforderung zu sexuellen Handlungen vor der Webcam sind Formen von direkten sexuellen Übergriffen, wie sie Minderjährige in Chatrooms erleben können.[20]

Wer wird Opfer von sexuellen Übergriffen im Internet?

Insbesondere in Chatrooms, aber auch im Internet allgemein, werden Mädchen häufiger Opfer sexueller Übergriffe als Jungen. Alarmierend ist, dass die Wahrscheinlichkeit, in einem Chatroom zu sexuellen Handlungen vor einer Webcam aufgefordert zu werden oder pornografische Filme und Fotos zu erhalten, für ein 10-jähriges Mädchen genauso hoch ist wie für eine 18-Jährige.[21]

Aber auch Jungen können Opfer von sexueller Gewalt im Netz werden. Besonders, wenn sie sich über ihre sexuelle Identität nicht im Klaren sind und eine Orientierung in Erwachsenen-Chats zum Thema Sex und Homosexualität suchen. Zudem gelten depressive und einsame Mädchen und Jungen als erhöht gefährdet.[22]

„Schwierigkeiten des Opfers, sich zu schützen und zu wehren, gründen weniger in körperlicher Unterlegenheit oder fehlendem sozialen Rückhalt, sondern vor allem in der Unmöglichkeit, Netzinhalte zu löschen, die

---

[20] Vgl. ebd., S. 14.

[21] Vgl. ebd., S. 16.

[22] Vgl. Haardt-Becker, Annette; von Weiler, Julia (2010): Web 2.0. Eine neue Dimension des Internets - Möglichkeiten und Problematiken. In: Blattmann, Sonja; Mebes, Marion (Hrsg.): Nur die Liebe fehlt...? Jugendliche zwischen Blümchensex und Hardcore. Sexuelle Bildung als Prävention. Köln. mebes & noack, S. 239.

weitere Verbreitung von Bildbotschaften zu unterbinden oder Absender anonymer Mitteilungen zu identifizieren."[23]

Und wer sind die Täter*innen?

Das Internet bietet aufgrund des hohen Anonymitätsgrades für Täter*innen vielseitige Möglichkeiten, die echte Persönlichkeit falsch darzustellen (z. B. durch Falschangaben von Alter und Aussehen etc.). Dadurch sind Täter*innen schwer zu identifizieren. Täter*innen im Internet sind häufig Fremde, zu denen erst ein Kontakt über die Online-Community oder den Chatroom geknüpft wurde. Aber auch Freund*innen und Bekannte aus dem persönlichen Umfeld können Täter*innen sein.[24]

In einer anonymen Onlinebefragung erwachsener Internetnutzer*innen gaben 10 % der Erwachsenen an, Onlinekontakte zu unbekannten Minderjährigen zu haben. Bei 5,3 % handelte es sich um mindestens einen *sexuellen* Onlinekontakt.[25]

Beziehungsanbahnung geschieht dabei oft um ein Vielfaches schneller als offline. Dies hängt wohl mit mehreren Faktoren zusammen[26]:

- Kommunikation ist online häufig um ein Vielfaches schneller als offline. Dazu wird meist mit Abkürzungen kommuniziert.
- Täter*innen sind nicht gezwungen, selbst für eine angenehme Atmosphäre zu sorgen, da sich Kinder und Jugendliche häufig in einer Umgebung (zum Beispiel dem eigenen Zimmer) aufhalten, in der sie sich wohl und sicher fühlen.
- Das Internet an sich wird oft als „nicht real" wahrgenommen, da kann man ruhig auch schneller zur Sache kommen.

[23] Kindler, Heinz (2011): Cyberbullying und Cyberaggression durch Kinder und Jugendliche. In: Deegener, Gunther; Körner, Wilhelm (Hrsg.): Gewalt und Aggression im Kindes- und Jugendalter. Ursachen, Formen, Interventionen. Weinheim und Basel: Beltz Verlag, S. 268.

[24] Vgl. Katzer, Catarina (2011): a.a.O., S. 18.

[25] Vgl. Neutze, Janina; Osterheider, Michael (2015): MiKADO – Missbrauch von Kindern: Aetiologie, Dunkelfeld, Opfer. Zentrale Ergebnisse des Forschungsverbundes. http://www.mikado-studie.de/tl_files/mikado/upload/MiKADO_Zusammenfassung.pdf (abgerufen am 17.08.2016).

[26] Vgl. von Weiler, Julia (2011): Im Netz. Tatort Internet. Kinder vor sexueller Gewalt schützen. Freiburg: Kranz Verlag, S. 70–71.

„Insgesamt wird deutlich, dass Täter ihr „Jagdrevier“ durch das Internet erweitern und im Übrigen die gleichen Strategien anwenden wie „im richtigen Leben“. Dies bedeutet aber auch, dass die präventive Arbeit auf gleichen Grundlagen aufbauen kann wie die Arbeit zum Thema „sexueller Missbrauch“ im Allgemeinen.[27]

Sexuelle Viktimisierung im Internet ist ein komplexer Problembereich, der auch für die Jugendarbeit viele Ansatzpunkte für die Prävention bietet. Dabei ist es wichtig, neben der Aufklärung über Gefahren im Internet und in sozialen Netzwerken auch den Nutzen, den Jugendliche haben können, nicht zu vernachlässigen. Nur mit einer differenzierten und kritischen Beleuchtung der Problematik kann hier Präventionsarbeit gelingen. Die kategorische „Verteufelung“ des Internets und der sozialen Netzwerke ist eine kontraproduktive Haltung, die nicht dazu führen wird, dass Kinder und Jugendliche diese Medien (noch) verantwortungsvoller nutzen.

Zusammenfassung

Die Beliebtheit von Online-Communities bei Kindern und Jugendlichen ist in den vergangenen Jahren stetig gestiegen. Sie nutzen diese hauptsächlich, um ein eigenes Profil anzulegen, um ihre Persönlichkeit darzustellen und mit ihren Freunden zu chatten oder Nachrichten auszutauschen.

Neben allem Nutzen bieten diese Online-Communities auch einige Risiken, die gerade für jüngere Jugendliche und Kinder oft schwer durchschaubar sind, Stichwort Datenschutz und Privacy-Option.

Selbst der Beziehungsstatus kann auf dem eigenen Profil der Online-Community regelmäßig aktualisiert werden. So werden eine Vielzahl von privaten Informationen für eine große Gruppe an Personen (durchschnittlich 272 Freunde) sichtbar. Je nach Privacy-Option können die Online-Community-Nutzer*innen auf Fotos oder in Beiträgen anderer Nutzer*innen markiert werden. Dies kann eine Missachtung von deren Persönlichkeitsrechten darstellen. Auch die ausschnittsweise Darstellung von Fotos kann eine Abwertung der Persönlichkeit darstellen (z. B. kann von einem Oktoberfestfoto der Ausschnitt eines Mädchens von der Online-Community hochgeladen und der Rest weggeschnitten werden). Hinzu kommt, dass die Nutzungsbestimmungen und AGBs der Online-Communities sehr schnelllebig sind und sowohl Jugendliche, aber auch

---

[27] Haardt-Becker, Annette; von Weiler, Julia (2010): a.a.O., S. 240.

Mitarbeiter*innen der Jugendarbeit, leicht den Überblick verlieren können, wie es um die Sicherheitseinstellungen bestellt ist. Diese rasanten Entwicklungen erzeugen oft das Gefühl von Ohnmacht und Überforderung gegenüber dem Dschungel an Privacy-Options.

Es gilt also Jugendliche ohne erhobenen Zeigefinger anzuregen, ihren Konsum und die Nutzung von Online-Communities kritisch zu reflektieren.

Mitarbeiter*innen der Jugendarbeit sollen die Entwicklungen kritisch und differenziert beobachten und begleiten, anstatt Online-Communities grundlegend abzulehnen. Grenzverletzungen sind selbstverständlich auch im virtuellen Raum klar zu benennen.

Sollten Kinder und Jugendliche von einem Übergriff, zum Beispiel der Aufforderung zur Erstellung von Nacktbildern oder der Konfrontation mit pornografischem Material, berichten, gelten ähnliche Ratschläge für Bezugspersonen wie bei Offline-Übergriffen:

- Ruhe bewahren
- Dem Kind Glauben schenken
- Nur Angebote machen, die auch erfüllbar sind
- Einbezug der Betroffenen in weitere Entscheidungen.

Auf keinen Fall sollte auf eigene Faust recherchiert werden. Die Ermittlung ist allein Aufgabe der zuständigen Behörden.[28]

Herausforderungen für Mitarbeiter*innen der Jugendarbeit

Nach der Darstellung der Gefahren, die mit dem Nutzen von sozialen Netzwerken verbunden sind, stellt sich die Frage, ob und wie Jugendliche sich (relativ) sicher dort bewegen können.

Fest steht, dass neben Politik, Gesellschaft und Justiz auch die Mitarbeiter*innen der Jugendarbeit die Herausforderung annehmen sollten, Jugendliche fit zu machen, damit sie sich sicher durchs Netz bewegen können. Wie kann dies gelingen? Welche Kompetenzen brauchen Mitarbeiter*innen der Jugendarbeit, um diese Herausforderung annehmen zu können?

[28] Vgl. von Weiler, Julia (2011): a.a.O., S. 144.

Reflexion des eigenen Nutzungsverhaltens

Die Selbstreflexion von Mitarbeiter*innen zu ihrem persönlichen Nutzungsverhalten von Online-Communities bietet die Möglichkeit, die persönliche Haltung zu festigen und sich evtl. überhaupt erstmalig eine Meinung zu bestimmten Detailthemen zu bilden. Eine klare, begründete Haltung kann gerade in Diskussionen mit Jugendlichen hilfreich sein, diesen andere Blickwinkel und Perspektiven auf die Thematik zu eröffnen. Dabei geht es nicht darum, die persönliche Meinung als alleinige Wahrheit zu propagieren. Vielmehr sollten Mitarbeiter*innen die Chance nutzen, ihr eigenes Nutzungsverhalten in Bezug auf das Nutzungsverhalten der Jugendlichen zu relativieren, um eine professionelle Distanz und eine wertschätzende Haltung gegenüber dem Nutzungsverhalten der Jugendlichen zu entwickeln.

Medienkompetenz – wie funktionieren Online-Communities?

Eine grundlegende Voraussetzung, um mit Jugendlichen zu Online-Communities und deren Chancen und Risiken arbeiten zu können, ist, dass Mitarbeiter*innen selbst ein gewisses Maß an Medienkompetenz besitzen. D. h. sie sollten wissen, wie soziale Netzwerke funktionieren und welche Möglichkeiten sie bieten.[29]

Welche Schutzfunktionen gibt es? Woran erkenne ich sichere Chatrooms und soziale Netzwerke? Fragen, die es zu beantworten gilt und die für Mitarbeiter*innen der Jugendarbeit oft eine große Hürde darstellen. Die Homepage www.chatten-ohne-risiko.net ist eine Möglichkeit, solches Wissen zu erlangen. Im sogenannten „Chat-Atlas“ sind eine Vielzahl von diversen Chatrooms und sozialen Netzwerken hinsichtlich verschiedener Faktoren, wie z. B. Sicherheit, Sicherheitseinstellungen, Angebote für Kinder/Jugendliche etc., gesichtet und bewertet. Die ausgestellten Sicherheitslabels, z. B. „Kein Risiko“ oder aber „Kalkulierbares Risiko für Jugendliche“, können die Einschätzung der jeweiligen Online-Community erleichtern. Sie bieten einen Überblick, ob sich das Netzwerk für Kinder und Jugendliche eignet bzw. mit welchen Sicherheitslücken und Risiken der Nutzung zu rechnen ist.[30]

---

[29] Vgl. Karlstetter, Bianca (2012): Sicher durchs Netz?! Orientierung zu neuen Medien und sexualisierten Inhalten. Unveröffentlichtes Manuskript.

[30] Vgl. ebd.

Medienkompetenz von Mitarbeiter*innen der Jugendarbeit heißt nicht automatisch, dass auch sie in allen Netzwerken persönlich aktiv sein müssen. Wichtiger ist es, dass Mitarbeiter*innen der Jugendarbeit wissen, wo sie Informationen darüber erhalten können, wie es denn um die Sicherheit einzelner Netzwerke bestellt ist, damit sie sich nicht auf Vermutungen verlassen müssen. Die Angebote von jugendschutz.net sind dabei eine seriöse und regelmäßig aktualisierte Quelle, auf die zurückgegriffen werden kann. Es besteht also, insbesondere für hauptberufliche Mitarbeiter*innen, die Aufgabe sich regelmäßig fortzubilden, um für Kinder und Jugendliche kompetente Ansprechparter*innen darstellen zu können.

Basiswissen sexuelle Gewalt im Internet

Damit Mitarbeiter*innen der Jugendarbeit gute Präventionsarbeit leisten können, benötigen sie Basiswissen zu sexueller Gewalt im Internet. Ihr Wissen sollte nicht auf Mythen, Vorurteilen oder persönlichen Hypothesen basieren, sondern Grundlageninformationen zu folgenden Themenbereichen umfassen:

- Zahlen und Fakten zu sexueller Gewalt im Internet
- Strategien von Täterinnen und Tätern im Netz
- Hilfemöglichkeiten für betroffene Kinder und Jugendliche

Reflexion der Mitarbeitenden zur Nutzung sozialer Medien mit Blick auf die Tätigkeit

Wenn Mitarbeiter*innen in Online-Communities aktiv sind, tauchen sehr schnell Fragen auf, ob sie auch mit den Kindern und Jugendlichen vernetzt sind oder nicht, bzw. wie sie sich selbst in der Community präsentieren. Bei Facebook und Co. lassen sich private, dienstliche oder Mitteilungen im Rahmen eines ehrenamtlichen Engagements nicht sauber voneinander trennen. Deshalb ist es sinnvoll, persönlich zu überlegen, in welcher Eigenschaft und Funktion (Privatperson; haupt- oder ehrenamtliche Mitarbeiter*in, ...) das jeweilige soziale Netzwerk vorwiegend genutzt werden soll.[31] Aus der Forschung zu Täterstrategien und der Auswertung von Fällen ist bekannt, dass die Vermischung von Privatbereich und Ehren-/Hauptamt ein Nährboden für sexuelle Übergriffe sein kann.

[31] Vgl. Landeskirchenamt der Evangelisch-Lutherischen Kirche in Bayern, Presse- und Öffentlichkeitsarbeit/Publizistik (Hrsg.) (2014): Social Media Guidelines. http://handlungsfelder.bayern-evangelisch.de/downloads/ELKB-Social-Media-Guidelines-ELKB-2014.pdf (abgerufen am 24.08.2016).

Für Kinder und Jugendliche, aber auch für Erwachsene ist es häufig schwierig diese „Graubereiche“ zu erkennen und zu bewerten. Welche Normen und Regeln gelten hier? Die für private Kontakte oder die für Kontakte im Rahmen eines ehrenamtlichen Engagements oder dienstlichen Verhältnisses? Diese Kompetenz wird manchmal in sozialen Netzwerken besonders auf die Probe gestellt. Deshalb ist es sinnvoll, dass Fachkräfte sich grundlegende Fragen zu Identifizierbarkeit und Transparenz stellen. Dies kann helfen die „Graubereiche“ möglichst klein zu halten.

Als erster Schritt können persönliche Reflexionsfragen helfen, die Identifizierbarkeit und Transparenz zu hinterfragen[32]:

- Welche Informationen (beruflich, privat) gebe ich von mir Preis?
- Als „wer“ (Privatperson, Mitarbeiter*in in Haupt- oder Ehrenamt, Mitglied in einem Leitungsorgan) spreche ich?
- In welcher Funktion kommuniziere ich (privat, dienstlich, öffentlich)?

Folgende praktische Tipps zu Profil-Einstellungen können die Identifizierbarkeit und Transparenz erhöhen[33]:

- Nutze soziale Netzwerke mit Klarnamen (Vor- und Zuname) oder einem Profilnamen, der Dir zuzuordnen ist (z. B. Jugendzentrum Musterfrau), wenn das Konto dienstlich genutzt wird.
- Lade ein Profilbild hoch, auf dem Du erkennbar bist. Die Art des Fotos kann signalisieren, wie das Konto genutzt wird. Bist Du als aktives Mitglied des Verbandes erkennbar (T-Shirt; Pic mit Logo auf Profilbild, ...)?
- Wenn Du im Namen Deiner Institution schreibst, aber keine persönliche Meinung äußerst, schreibe in der ersten Person Plural („wir“ statt „ich“).
- Wenn Du Deine persönliche Meinung äußerst, schreibe in der ersten Person Singular („ich“ statt „wir“).

Neben der persönlichen Reflexion und Beschäftigung mit Fragen zur Nutzung sozialer Netzwerke ist es ratsam, im Rahmen von Gremiensitzungen oder einer Teamsitzung das Thema zu besprechen. Eine gemeinsame

[32] Ebd.

[33] Vgl. ebd.

Linie und die Vereinbarung von einigen konkreten Regeln zur Nutzung von sozialen Netzwerken geben eine Orientierungshilfe für alle Nutzerinnen und Nutzer (Jugendliche, ehren- und hauptamtlich Aktive, ...), was unter einem respektvollen und transparenten Miteinander „online“ gemeint ist. Schutzvereinbarungen dienen generell sowohl dem Schutz von Mitarbeitenden/Ehrenamtlichen im Kontakt mit Kindern und Jugendlichen vor einem falschen Verdacht als auch dem Schutz von Kindern und Jugendlichen vor (sexuellem) Missbrauch und Gewalt – dies gilt nicht nur für face-to-face Begegnungen, sondern auch für Kontakte in sozialen Netzwerken.

Eine gemeinsam entwickelte Online-Richtlinie ist letztlich nichts Anderes als eine Erweiterung von Schutzvereinbarungen. Deshalb sollte auch hier der Grundsatz gelten: Keep it short and simple!

Als Diskussionsgrundlage können die folgenden Schutzvereinbarungen dienen.

Es gibt keine Online-Freundschaften zwischen haupt-/ehrenamtlich Aktiven des Verbandes/des Jugendzentrums und Kindern & Jugendlichen.

Im Gegensatz zur klassischen Internetseite ergibt sich bei sozialen Netzwerken eine niedrigschwellige Kontaktfläche.[34] Im Chat oder durch private Nachrichten können User und Userinnen Daten, Informationen etc. austauschen. Gerade diese Funktionen von sozialen Netzwerken können der Nährboden von sexuellen Online-Viktimisierungen sein. Der Rahmen einer privaten Nachricht bietet also nicht nur Schutz, sondern ist auch ein Quell der Intransparenz. Besser wäre, mit Kindern und Jugendlichen in Gruppenforen zu diskutieren und Informationen auszutauschen, in denen mehrere haupt-/ehrenamtlich Aktive agieren; beispielsweise eine Gruppe Ferienfreizeit XY, in der alle Jugendlichen und alle Betreuerinnen und Betreuer registriert sind und mitdiskutieren können.

Wir haben eine „Fanpage“, um Inhalte zu kommunizieren.

Bei manchen Plattformen besteht die Möglichkeit eine „Fanpage“ zu erstellen. Dies macht es viel leichter, private Kommunikation von der „offiziellen“ Kommunikation des Verbandes/des Jugendzentrums zu trennen. Auch kann es mehrere Administratoren und Betreuer*innen einer solchen „Fanpage“ geben, was deutlich die Transparenz in der Kommunikation erhöht.

---

[34] Vgl. ebd.

In Chatgruppen kommunizieren mindestens zwei haupt-/ehrenamtlich Aktive mit den Kindern und Jugendlichen.

Die „WhatsApp-Gruppe – Jugendgruppe XY“ kann super praktisch sein, gerade um kurzfristig eine Änderung des Treffpunkts oder die Info „Achtung zum nächsten Treffen festes Schuhwerk mitbringen“ weiterzugeben. Um auch diese Chatgruppen möglichst transparent zu gestalten, kann die Schutzregel, mindestens zwei Jugendleiter*innen sind in der Gruppe registriert, einen Beitrag leisten.

Um auf Missstände aufmerksam zu werden, gilt auch bei Vereinbarungen rund um die Nutzung sozialer Medien: Sie müssen allen Beteiligten bekannt sein. Kinder und Jugendliche sowie Eltern können sich nur dann beschweren, wenn sie von den Regelungen Kenntnis haben. Mitarbeiter*innen in der Jugendarbeit sind gefordert, die vereinbarten Regelungen bekannt zu machen! Das schafft Verständnis und kann Verletzungen einzelner vermeiden („Warum beantwortet der/die meine Freundschaftsanfrage nicht“). Es kann Mädchen und Jungen helfen, Situationen zu bewerten, wenn ehren- oder hauptamtlich Aktive gegen diese verstoßen. Dies ist ein wichtiger Beitrag, um Grenzüberschreitungen, die im virtuellen Raum geschehen, aufzudecken.

Abschießend gilt zu sagen: Es wäre äußerst schwierig und auch nicht sinnvoll, die Nutzung von sozialen Netzwerken komplett abzulehnen und für die Arbeit in der Jugendarbeit als ungeeignet zu deklarieren. Kinder und Jugendliche nutzen diese Kommunikationswege selbstverständlich und können oft nicht verstehen, „welchen Stress die Erwachsenen damit haben“. Es ist sinnvoll in regelmäßigen Abständen (1 x pro Jahr) anzuschauen, welche Netzwerke gerade viel genutzt werden, und dann in Gremiensitzungen oder einer Teamsitzung zu überlegen:

- Welche Chancen bietet dieses Netzwerk?
- Welche Risiken sind mit diesem Netzwerk verbunden (Datenschutz, Rechte, ...)?
- Welche Situationen der besonderen Nähe können auf dieser Plattform entstehen?
- Welche Schutzmaßnahmen vereinbaren wir, um die Transparenz möglichst zu gewähren und eine Orientierung zu haben, wie wir mit diesen besonderen Situationen umgehen können?

Diese Themenbereiche bieten die Basis, damit Mitarbeiter*innen der Jugendarbeit auf Grundlage von Faktenwissen praxisnahe Präventionsangebote entwickeln und implementieren können.[35]

Tipps für die Praxis

Ziel der Präventionsarbeit sollte es sein, Kinder und Jugendliche zu einem positiven und zugleich kritischen Umgang mit Online-Communities und dem Internet im Allgemeinen zu befähigen. Grundlegend ist dabei nicht eine totale Kontrolle oder ein generelles Verbot, sondern vielmehr ein interessierter Blick, was Kinder und Jugendliche im Netz tun, welche Seiten sie besuchen und mit wem sie kommunizieren.[36]

Für die Präventionsarbeit können verschiedene Dimensionen Ansatzpunkte bieten.

Rollenbilder im Netz hinterfragen

Christine Katzer hat in ihren Forschungsarbeiten evaluiert, dass Jugendliche häufig Nicknames mit sexuellen Anspielungen verwenden. Besonders Mädchen (52 %) (z. B. littlecuty; babygirl; süßemaus, sexgöttin) nutzen diese Art von Namen, Jungen tun dies weitaus weniger (17 %) (z. B. chickenfucker, playboy, sweetboy, donjuan).[37]

Die Beispiele lassen vermuten, dass Selbst- und Fremdwahrnehmung an einigen Stellen weit auseinander gehen. Unterstrichen werden diese Nicknames häufig mit Fotos, die einen sexualisierten Charakter haben. Selbstverständlich geben kein aufreizendes Foto und kein anzüglicher Nickname einer Person das Recht, andere Personen im Chat oder der Online-Community sexuell zu belästigen. Dennoch gilt es, mit den Kindern und Jugendlichen kritisch einen Blick darauf zu werfen, wie sie sich in der Online-Community darstellen und ob das ausgewählte Bild das widerspiegelt, was sie von sich vermitteln möchten.

Gute Anregungen, um mit Jugendlichen über Rollenbilder und Schönheitsideale ins Gespräch zu kommen, sowie Methoden zum Thema bietet der Baustein 2 „Bin ich schön? Bin ich sexy? – Schönheitsideale in unserer

[35] Vgl. Karlstetter, Bianca (2012): a. a. O.

[36] Vgl. ebd.

[37] Vgl. Katzer, Catarina (2011): a. a. O., S. 18.

Gesellschaft" der Arbeitshilfe „Let's talk about Porno" von klicksafe (vgl. Materialien und Links).

Ebenso empfehlenswert ist das Modul „Alle machen's, niemand war's?" der Arbeitshilfe „Erste Allgemeine Verunsicherung" der KjG. Hier finden sich Methoden zum Thema „Normen und Werte". Diese können auch einen guten Beitrag leisten, die Selbst- und Fremdwahrnehmung zu schulen und kritisch zu hinterfragen.

Über Sexting sprechen

Jugendliche zwischen elf und 17 Jahren werden auch als „Generation Selfie" bezeichnet. Die „Dr.-Sommer-Studie 2016" der BRAVO zeigt, dass bereits die Hälfte der 12-Jährigen Social Networks wie Facebook und Instagram nutzen, um Feedback – etwa mit Hilfe von Selfies – einzuholen. Ähnlich wie die JIM-Studie, finden sich auch in der Dr.-Sommer-Studie Hinweise darauf, dass Jugendliche Nackt-Selfies machen und diese versenden.[38]

„Bei körperlichem Missbrauch hat sich mittlerweile herumgesprochen, dass nicht das Opfer die Schuld trägt. Bei Missbrauch persönlicher Fotos sind wir noch nicht soweit. [...] Kein bloßstellendes Foto zirkuliert von allein, es wird von vielen Einzelpersonen bewusst weitergeleitet in dem Wissen, dass das intime Bild nicht für sie bestimmt sein kann."[39]

Statt Sexting prinzipiell zu verteufeln, sind Mitarbeiter*innen der Jugendarbeit gefordert, diese Art der medialen selbstbestimmten und altersgerechten Art der fotografischen Selbstinszenierung zu würdigen und gemeinsam mit den Jugendlichen kritisch zu hinterfragen. Das Motto könnte heißen „Safer Sexting" nicht „Stop Sexting".[40]

Medienkompetenz stärken

Die KIM- und JIM-Studie zeigen deutlich, dass die Medienkompetenz und insbesondere das Bewusstsein für Datenschutz und Sicherheit bei den

---

38 Vgl. Augsburger Allgemeine (2016): Dr. Sommer-Studie 2016. Bravo Studie: Das bewegt die heutigen Jugendlichen. http://www.augsburger-allgemeine.de/wissenschaft/Bravo-Studie-Das-bewegt-die-heutigen-Jugendlichen-id36729087.html (abgerufen am 24.08.2016).

39 Döring, Nicola (2014): Warum Sexting unter Jugendlichen (k)ein Problem ist. http://medienbewusst.de/handy/20140729/warum-sexting-unter-jugendlichen-kein-problem-ist.html (abgerufen am 24.08.2016).

40 Vgl. ebd.

Kindern und Jugendlichen im Laufe der Jahre gestiegen sind. Gleichzeitig gilt es aber festzuhalten, dass der Dschungel von Nutzungsbedingungen der Online-Communities insbesondere für Kinder schwer durchschaubar ist. Sie brauchen Unterstützung, um bewusst entscheiden zu können, welcher Personengruppe sie welche Informationen zur Verfügung stellen.[41]

In einer Gruppenstunde können beispielsweise die beliebtesten Chaträume und sozialen Netzwerke gesammelt und anschließend auf ihre Sicherheitseinstellungen und Schutzfunktionen überprüft werden.[42] So bekommen Kinder und Jugendliche ihren ganz persönlichen Kompass für den Dschungel der Nutzungsbestimmungen und setzen sich konkret mit den von ihnen genutzten Communities auseinander. Der Chat-Atlas von jugendschutz.net unter www.chatten-ohne-risiko.de kann eine Orientierungshilfe bezüglich der Sicherheitseinstellungen bieten. Hier werden einzelne Online-Communities und Chats mit „Sicherheitslabels“ versehen, was einen schnellen Überblick darüber erlaubt, wie das jeweilige Angebot einzuordnen ist. Eine gute Möglichkeit Kinder und Jugendliche, aber auch Mitarbeiter*innen der Jugendarbeit, in ihrer Medienkompetenz zu stärken, damit sie kompetente Ansprechpartner*innen und Nutzer*innen in Bezug auf virtuelle Angebote sein können.

Zusätzlich kann mit den Kindern und Jugendlichen eine Checkliste mit Grundregeln für sicheres Chatten bzw. für eine sichere Nutzung von Online-Communities erarbeitet werden. Punkte dieser Checkliste könnten folgende sein[43]:

- Persönliche Daten wie Adresse, Handynummer, E-Mail-Adresse oder Anschrift der Schule etc. werden nicht (leichtfertig) weitergegeben.
- Sicherheitseinstellungen werden genutzt und es wird kritisch geprüft, wer das Profil mit welchen Infos sehen kann.
- Nutzung von zwei E-Mail-Adressen: eine offizielle und eine anonyme für die Nutzung von Chat und Online-Community.

[41] Vgl. Medienpädagogischer Forschungsverbund Südwest (Hrsg.) (2013): KIM 2012. a. a. O., S. 42.

[42] Vgl. Karlstetter, Bianca (2012): a. a. O.

[43] Vgl. ebd.

- Genau überlegen und hinterfragen, was über die eigene Person und das Privatleben mitgeteilt wird (was z. B. peinlich wäre, wenn es in falsche Hände geriete).
- Vorsicht beim Herunterladen von Dateien oder dem Öffnen von Bildern und Videos; vor allem dann, wenn der/die Absender*in nicht bekannt ist.
- Anderen Nutzer*innen wird mit Respekt und Achtsamkeit begegnet.

Diese Liste kann je nach Alter und Nutzungsverhalten der Kinder und Jugendlichen beliebig ergänzt und erweitert werden.

Basisinfos und Hilfemöglichkeiten vermitteln

Catarina Katzer hat in ihren Untersuchungen herausgefunden, dass nur ca. 9 % der Opfer sexueller Online-Übergriffe mit Eltern oder Lehrer*innen darüber reden; einige outen sich eher in virtuellen Räumen (20 %).[44]

Auch von anderen Formen sexueller Übergriffe ist bekannt, dass die Aufdeckung den Betroffenen sehr schwer fällt. Scham, Angst und Schuldgefühle sind ebenso wie Angst vor den Reaktionen häufig die Ursache. Die altersangemessene Vermittlung von Basisinformationen zum Thema stellt für die Prävention ein wichtiges Element dar und könnte betroffene Kinder und Jugendliche darin unterstützen, solche Übergriffe öffentlich zu machen. Kinder und Jugendliche sollten grundsätzlich wissen, dass sexuelle Übergriffe auch im Netz vorkommen können. Die Kommunikation über das Thema vermittelt den Kindern und Jugendlichen zusätzlich, dass sie in den Mitarbeiter*innen der Jugendarbeit kompetente Ansprechpartner*innen haben.

Zusätzlich zu den Basisinformationen brauchen Kinder und Jugendliche Kenntnisse darüber, an wen sie sich wenden können, wenn sie sexuelle Übergriffe im Netz erleben. Eltern, Mitarbeiter*innen der Jugendarbeit oder andere enge Bezugspersonen sind sicherlich gute erste Ansprechpartner*innen.

Als Ergänzung einer Gruppenstunde zu den Sicherheitseinstellungen kann auch gemeinsam mit den Kindern und Jugendlichen überlegt werden, an wen sie sich wenden können, wenn sie von sexuellen Übergriffen betroffen sind.

[44] Vgl. Katzer, Catarina (2011): a. a. O., S. 19.

Die Sammlung kann eine Kombination aus konkreten Ansprechpartner*innen, Beratungsstellen im Umkreis oder auch Online-Beratungsmöglichkeiten sein.

Wichtig für alle Punkte der Prävention von sexuellen Übergriffen im Netz ist, dass die Kinder und Jugendlichen erfahren, dass sie keine Schuld trifft, wenn sie Opfer werden. Die Schuld trifft einzig und alleine die Täter*innen. Kein noch so aufreizendes Foto bei Facebook oder kein noch so kecker Nickname steht für eine Erlaubnis, sexuell belästigt zu werden oder pornografische Bilder/Videos zu erhalten. Es gilt Mädchen und Jungen zu stärken, damit sie sich bei unangenehmen Erfahrungen Hilfe und Unterstützung holen. Kompetente und aufgeschlossene Mitarbeiter*innen sind eine Grundvoraussetzung, damit dies gelingen kann.[45]

[45] Vgl. Karlstetter, Bianca (2012): a. a. O.

Literatur

- Augsburger Allgemeine (2016): Dr.Sommer-Studie 2016. Bravo Studie: Das bewegt die heutigen Jugendlichen. http://www.augsburger-allgemeine.de/wissenschaft/Bravo-Studie-Das-bewegt-die-heutigen-Jugendlichen-id36729087.html (abgerufen am 24.08.2016).
- Bundesministerium der Justiz. § 22 KunstUrhG http://www.gesetze-im-internet.de/kunsturhg/__22.html (abgerufen am 16.07.2013).
- Döring, Nicola (2014): Warum Sexting unter Jugendlichen (k)ein Problem ist. http://medienbewusst.de/handy/20140729/warum-sexting-unter-jugendlichen-kein-problem-ist.html (abgerufen am 24.08.2016).
- Haardt-Becker, Annette; von Weiler, Julia (2010): Web 2.0. Eine neue Dimension des Internets – Möglichkeiten und Problematiken. In: Blattmann, Sonja; Mebes, Marion (Hrsg.): Nur die Liebe fehlt...? Jugendliche zwischen Blümchensex und Hardcore. Sexuelle Bildung als Prävention. Köln. mebes & noack. S. 228-243.
- Karlstetter, Bianca (2012): Sicher durchs Netz?! Orientierung zu neuen Medien und sexualisierten Inhalten. Unveröffentlichtes Manuskript.
- Katzer, Catarina (2011): Tatort Internet – Sexuelle Gewalt in den neuen Medien: Problemanalyse, Prävention und Intervention. In: Ev.-Luth. Landesjugendpfarramt Sachsen (Hrsg.): Auswirkungen von sexualisierter Gewalt auf Kinder und Jugendliche und notwendige Konsequenzen. Materialheft zum Fachtag „Sexualisierte Gewalt“ am 30. Mai 2011 in Leipzig. Dresden. S. 13-20.
- Kindler, Heinz (2011): Cyberbullying und Cyberaggression durch Kinder und Jugendliche. In: Deegener, Gunther; Körner, Wilhelm (Hrsg.): Gewalt und Aggression im Kindes- und Jugendalter. Ursachen, Formen, Interventionen. Weinheim und Basel: Beltz Verlag. S. 267-280.
- Kottman, Matthias (2009): Social Networks – das Internet als Bühne der Selbstdarstellung. Darstellung, Nutzungsanreize und pädagogische Konsequenzen von Web 2.0. In BzgA: Forum Sexualaufklärung und Familienplanung: Medien. 1/2009. Köln. S. 39-42.

- Landeskirchenamt der Evangelisch-Lutherischen Kirche in Bayern, Presse- und Öffentlichkeitsarbeit/Publizistik (Hrsg.) (2014): Social Media Guidelines. http://handlungsfelder.bayern-evangelisch.de/downloads/ELKB-Social-Media-Guidelines-ELKB-2014.pdf (abgerufen am 24.08.2016).
- Medienpädagogischer Forschungsverbund Südwest (Hrsg.) (2013): JIM 2013. Jugend, Information, (Multi-)Media. Basisstudie zum Medienumgang 12- bis 19-Jähriger in Deutschland. Stuttgart.
- Medienpädagogischer Forschungsverbund Südwest (Hrsg.) (2013): KIM 2012. Kinder + Medien. Computer + Internet. Basisuntersuchung zum Medienumgang 6- bis 13-Jähriger in Deutschland. Stuttgart.
- Medienpädagogischer Forschungsverbund Südwest (Hrsg.) (2015): JIM 2015. Jugend, Information, (Multi-)Media. Basisstudie zum Medienumgang 12- bis 19-Jähriger in Deutschland. Stuttgart.
- Neutze, Janina; Osterheider, Michael (2015): MiKADO – Missbrauch von Kindern: Aetiologie, Dunkelfeld, Opfer. Zentrale Ergebnisse des Forschungsverbundes. http://www.mikado-studie.de/tl_files/mikado/upload/MiKADO_Zusammenfassung.pdf (abgerufen am 17.08.2016).
- Reißmann, Wolfgang; Schulz, Iren (2012): Jugendliche, digitale Medien und der Umgang mit sexualisierten Inhalten. In: Suegraf, Martina; Tillmann, Angela (Hrsg.): Pornofizierung von Gesellschaft. Perspektiven aus Theorie, Empirie und Praxis. Konstanz: UVK Verlagsgesellschaft mbH. S. 169-178.
- Tillmann, Angela (2012): MyBody – MySelf: Körper- und Geschlechter(re)konstruktionen in sozialen Netzwerken. In: Suegraf, Martina; Tillmann, Angela (Hrsg.): Pornofizierung von Gesellschaft. Perspektiven aus Theorie, Empirie und Praxis. Konstanz: UVK Verlagsgesellschaft mbH. S. 159-168.
- von Weiler, Julia (2011): Im Netz. Tatort Internet. Kinder vor sexueller Gewalt schützen. Freiburg: Kranz Verlag.
- Wirtz-Weinrich, Wilma (2012): Sexuelle Gewalt im Internet/Chat. Gefahren durch sexuelle Verwahrlosung!? In: Blattmann, Sonja; Mebes, Marion (Hrsg.): Nur die Liebe fehlt...? Jugendliche zwischen Blümchensex und Hardcore. Sexuelle Bildung als Prävention. Köln. mebes & noack. S. 149-161.

Anhang …

Autorin

Yvonne Oeffling, Jahrgang 1983, Master of Social Management, Diplom Sozialpädagogin (FH), ist pädagogische Mitarbeiterin bei AMYNA e. V. Vorher arbeitete sie im Bereich der Jugendverbandsarbeit, wo sie eine Zusatzqualifikation Prävention sexueller Gewalt in der Jugendarbeit - Entwicklung schützender Strukturen absolvierte. In Angeboten der Erwachsenenbildung, Fachveröffentlichungen und in verschiedenen Projekten widmet sie sich bei AMYNA u. a. folgenden Themen: Missbrauch in Institutionen, Prävention und Ehrenamt sowie Kinderschutz in Stiftungen. Zudem ist sie als Expertin für die Fachberatungsstelle PräTect des Bayerischen Jugendrings tätig und war als Lehrbeauftragte zum Thema Prävention in der Jugendarbeit an der KSFH München aktiv.

AMYNA stellt sich vor

AMYNA e. V. setzt sich in allen Arbeitsbereichen für den Schutz von Mädchen und Jungen vor sexueller Gewalt ein. Kein Kind kann sich allein schützen. Daher sind die Zielgruppen der Arbeit von AMYNA e. V. diejenigen Erwachsenen, die für Kinder Verantwortung tragen.

Die Säulen der Arbeit von AMYNA e. V. sind: „AMYNA - Institut zur Prävention von sexuellem Missbrauch", „GrenzwertICH - sexuelle Übergriffe durch Kinder und Jugendliche verhindern" sowie „Projekte & überregionale Angebote".

AMYNA e. V. bietet Eltern, pädagogischen Fachkräften und Trägern von Einrichtungen Information und Beratung zu Möglichkeiten des Schutzes, differenzierte Qualifizierungsangebote, Unterstützung bei der Entwicklung von Schutzkonzepten, Fachbücher im Eigenverlag, Informationen zu Möglichkeiten der Verdachtsabklärung, Weitervermittlung an geeignete Beratungsstellen sowie die Durchführung innovativer Präventionsprojekte.

AMYNA e. V. gehört dem Paritätischen Bayern an und ist Mitglied in der Deutschen Gesellschaft für Prävention und Intervention bei Kindesmisshandlung, -vernachlässigung und sexualisierter Gewalt (DGfPI e. V.).

GRENZWERTICH stellt sich vor

Sexuelle Gewalt durch Kinder & Jugendliche verhindern

GrenzwertICH von AMYNA e. V. hat zum Ziel, sexuelle Übergriffe durch Kinder und Jugendliche zu verhindern. Sexuelle Grenzverletzungen durch Kinder und Jugendliche, die sich gegen andere Mädchen und Jungen richten, sind seit langem Realität: sowohl gegenüber Gleichaltrigen als auch in Form von missbräuchlichen Handlungen gegenüber Jüngeren. Erst in jüngster Zeit geraten sie mehr und mehr ins Bewusstsein von Eltern und Fachkräften in Schulen und Einrichtungen der Kinder- und Jugendhilfe sowie der Behindertenhilfe. Häufig sind diese jedoch ratlos und überfordert, wie sie sexuelle Grenzverletzungen stoppen und nachhaltig verhindern können.

GrenzwertICH unterstützt mit seinem Qualifizierungs- und Beratungsangebot Eltern und Fachkräfte darin, sexuelle Übergriffe durch Kinder und Jugendliche zu erkennen und im pädagogischen Alltag kompetent, angemessen und sicher darauf zu reagieren. Ziel ist es, sexuelle Grenzverletzungen nachhaltig zu unterbinden, die von sexuellen Übergriffen betroffenen Kinder und Jugendlichen zu schützen und präventive Maßnahmen zu ergreifen, die sexuelle Grenzverletzungen durch Mädchen und Jungen nachhaltig verhindern. Vor allem aber widmet sich GrenzwertICH der Frage, wie es zu sexuellen Grenzverletzungen unter Kindern und Jugendlichen kommt und wie diese bereits im Vorfeld verhindert werden können. Ansatzpunkte hierfür liegen in einer reflektierten Sexualpädagogik, im Hinterfragen von Rollenklischees, in der Reflexion der Peer-Gruppendynamik und in der Unterstützung der Medienkompetenz von Jugendlichen im Hinblick auf die Darstellung und Verharmlosung sexueller Gewalt insbesondere im Internet und im Rahmen des Musikkonsums von Jugendlichen. Besonderer Wert wird dabei auf die geschlechtsrollendifferenzierte sowie die inklusive und interkulturelle Herangehensweise gelegt.

GrenzwertICH bietet für Eltern und Fachkräfte Elternabende, Vorträge, Fortbildungen, Beratung sowie eine Präsenzbibliothek zu den Themen „Prävention sexueller Übergriffe durch Kinder und Jugendliche“, „Sexuelle Entwicklung von Kindern und Jugendlichen“ und „Sexualerziehung“ an.

Kontakt:

AMYNA e. V.
GrenzwertICH – Sexuelle Gewalt durch Kinder und Jugendliche verhindern

Orleansstraße 4 | Haus D, 81669 München

fon (089) 890 57 45-120
fax (089) 890 57 45-199

grenzwertich@amyna.de

Links zu Materialien

www.echt-krass.info

Ein Projekt des PETZE-Instituts für Gewaltprävention gGmbH mit Infos und Materialien für Jugendliche zum Thema Sex, Selbstbestimmung, sexualisierte Gewalt und Respekt.

www.nina-info.de

N.I.N.A., Nationale Infoline, Netzwerk und Anlaufstelle zu sexueller Gewalt an Mädchen und Jungen, Vermittlung zu regionalen Beratungs- und Hilfsangeboten.

www.spass-oder-gewalt.de

Präventionsprojekt zur Gruppenarbeit mit Jugendlichen gegen sexuelle Belästigung und Gewalt unter Jugendlichen, ab ca. 12 Jahren.

https://www.bjr.de/themen/praevention/praevention-sexueller-gewalt.html

Auf der Homepage des Bayerischen Jugendrings ist das Präventionskonzept des Bayerischen Jugendrings veröffentlicht. Zudem finden sich dort viele Materialien, Beratungsangebote und Qualifizierungsmöglichkeiten, um mit Blick auf die spezifischen Strukturen und Prinzipien von Jugendarbeit Prävention sexueller Gewalt zu verankern.

http://www.dgfpi.de/hilfe-finden.html

Auf der Homepage der Deutschen Gesellschaft für Prävention und Intervention bei Kindesmisshandlung, -vernachlässigung und sexualisierter Gewalt e. V. sind auf der Unterseite Hilfe finden! Alle Mitgliedsorganisationen aufgelistet. Dort gibt es je nach Einrichtung Hilfeangebote für Mitarbeiter*innen oder Betroffene.

http://www.chatten-ohne-risiko.net

Die Seite von jugendschutz.net bietet eine Vielzahl von Informationen für Kinder und Jugendliche, aber auch für Eltern und Fachkräfte zum Thema Chatten und soziale Netzwerke. Besonders zu empfehlen ist der Chat-Atlas, in dem verschiedene Online-Communities und Chat-Foren nach „Sicherheitslabels“ kategorisiert sind und erklärt werden.

www.klicksafe.de

Die EU-Initiative Klicksafe bietet auf ihrer Homepage eine Vielzahl von Informationen zum Thema „Sicher durchs Netz“. Neben konkreten Informationen, zum Beispiel zu den Kategorien Kommunizieren, Spielen, Downloaden oder Datenschutz, gibt es spezielle Ausführungen zu Problembereichen, wie u. a. Pornografie-Nutzung oder Gewaltdarstellung. Der Materialienteil bietet eine Vielzahl von Tipps für Schule und Jugendarbeit, sowie kurze Infospots zu konkreten Themenbereichen.

Weitere AMYNA-Publikationen ...

War doch nur Spaß ...? Sexuelle Übergriffe durch Jugendliche verhindern (2014)

AMYNA e. V. (Hg.)
Elke Schmidt
Kartoniert, 136 Seiten,
Softcover, 15,00 €

Immer häufiger werden sexuelle Übergriffe von Jugendlichen gegenüber Gleichaltrigen bekannt. Studien belegen, dass Mädchen wie Jungen alltägliche „blöde Anmache" oder sexualisierte Beschimpfungen kennen und Jugendlichen auch massivere sexuelle Grenzverletzungen durch Gleichaltrige erleben.

Sexuelle Gewalt von Jugendlichen richtet sich aber nicht nur gegen Gleichaltrige, immer wieder werden auch Fälle von sexueller Gewalt gegenüber Kindern bekannt. Fachkräfte sind daher gefordert, hinzuschauen und bei sexuellen Grenzverletzungen von Jugendlichen einzuschreiten. Sie müssen zum Schutz von Mädchen und Jungen präventive Maßnahmen ergreifen, die sexuelle Übergriffe weitgehend verhindern.

Der neu erschienene Reader bietet Fachkräften einen Überblick über den aktuellen Forschungsstand und die fachliche Diskussion zum Thema sexuelle Übergriffe durch Jugendliche. Zudem gibt er Anregungen dazu, wie Einrichtungen und Fachkräfte den Schutz von Mädchen und Jungen vor sexuellen Grenzverletzungen durch Gleichaltrige erhöhen können.

Der Reader wurde ermöglicht durch die Unterstützung der Auerbach Stiftung und der Georg Niedermair-Stiftung.

Verletzliche Patenkinder – Prävention von sexuellem Missbrauch in Patenschaftsprojekten. Ein Praxishandbuch (2013)

AMYNA e. V. (Hg.)
Bianca Karlstetter, Christine Rudolf-Jilg
Kartoniert, 168 Seiten,
Softcover, 19,50 €

Im Rahmen von Patenschaften werden Tausende von benachteiligten Kindern und Jugendlichen in Deutschland durch ehrenamtliche und engagierte Einzelbetreuung gefördert und unterstützt. Gleichzeitig steht fest, dass viele dieser Kinder besonders gefährdet sind, sexuell missbraucht zu werden. Die Verantwortung von Patenschaftsprojekten und Vermittlungsstellen ist daher hoch.

Mit der vorliegenden Publikation hat sich AMYNA der Fragestellung gewidmet, was Patenschaftsprojekte tun können, um den Kinderschutz im Rahmen ehrenamtlicher Patenschaften zu verbessern und zu stärken. Erstmalig werden praxisnahe Vorschläge und Maßnahmen zusammengestellt, die Patenschaftsprojekten konkret zeigen, wie sie aktiven Kinderschutz im Bereich „Prävention von sexuellem Missbrauch" leisten können.

Wenn benachteiligte Kinder und Jugendliche, die in Einzelbetreuung von Paten und Patinnen hervorragend gefördert und unterstützt werden, zukünftig dort auch optimal vor sexuellem Missbrauch geschützt sind, wäre ein weiterer wichtiger Meilenstein in der Prävention von sexuellem Missbrauch erreicht.

Auf der Empfehlungsliste des Unabhängigen Beauftragten sexuellen Kindesmissbrauchs der Bundesregierung.

Gut gestiftet!
Geld für Prävention (2013)

AMYNA e. V. (Hg.)
Yvonne Oeffling
Kartoniert, 80 Seiten, Softcover,
kostenfrei für Stiftungen, alle anderen
gegen Schutzgebühr

Durch Stiftungen und fördernde Institutionen fließt viel Geld in den Bereich der Kinder- und Jugendhilfe. Doch ob und gegebenenfalls wie Stiftungen und fördernde Institutionen auf Maßnahmen im Bereich „Prävention von sexuellem Missbrauch" Einfluss nehmen, blieb bislang offen.

Mit der vorliegenden Publikation haben sich CHILDREN und AMYNA der Fragestellung gewidmet, was Stiftungen und fördernde Institutionen bereits jetzt zum Thema systematischer Kinderschutz tun und wie Stiftungen und fördernde Institutionen den Kinderschutz zukünftig noch mehr stärken können. Erstmalig wurden Stiftungen und fördernde Institutionen unterschiedlicher Größe in einer Studie befragt und als Konsequenz Instrumente zusammengestellt und beschrieben, die zeigen, wie Stiftungen und fördernde Institutionen ihren Beitrag zu aktivem Kinderschutz im Bereich „Prävention von sexuellem Missbrauch" leisten können.

Prävention geht alle an! Ansätze interkultureller und struktureller Prävention von sexuellem Missbrauch (2010)

AMYNA e. V. (Hg.)
Parvaneh Djafarzadeh, Christine Rudolf-Jilg
Kartoniert, 108 Seiten,
Softcover, 14 €

Immer mehr Fälle von sexuellem Missbrauch durch MitarbeiterInnen in Einrichtungen (nicht nur) der Kinder- und Jugendhilfe werden bekannt. Träger von Angeboten, Einrichtungen und Diensten sind deshalb gefordert, wenn sie den Schutz für Mädchen und Jungen vor sexuellem Missbrauch durch MitarbeiterInnen kontinuierlich verbessern und damit bestmöglich sicherstellen wollen. Auch in Arbeitsfeldern, in denen viele ehrenamtliche MitarbeiterInnen bzw. HelferInnen zum Einsatz kommen, wie z. B. in der offenen Kinder- und Jugendarbeit oder in Patenschaftsprojekten, ist es wichtig, dem Schutz von Kindern und Jugendlichen hohe Priorität einzuräumen.

Häufig sprechen bestehende Angebote MigrantInnen nicht an oder laufen ins Leere. Damit Prävention von sexuellem Missbrauch auch für Kinder verschiedener Herkunft greift, ist es daher wichtig zu prüfen, wie Angebote für MigrantInnen gestaltet werden können, damit die Ideen des Schutzes auch für sie nutzbar zu machen sind. In diesen Buch werden Anregungen gegeben, wie Prävention in den Strukturen der offenen Kinder- und Jugendarbeit und in verschiedenen Ehrenamtsprojekten verankert und wie mit spezifischen Anforderungen in der Arbeit mit MigrantInnen umgegangen werden kann.

Sexuelle Gewalt verhindern – Selbstbestimmung ermöglichen Schutz und Vorbeugung für Mädchen und Jungen mit unterschiedlichen Behinderungen (2009)

AMYNA e. V. (Hg.) 2. überarb. Auflage,
kartoniert, 118 Seiten,
Softcover, 9,50 €

Das Risiko von Mädchen und Jungen mit Behinderung, im Laufe ihrer Kindheit und Jugend sexuelle Gewalterfahrungen machen zu müssen, ist deutlich erhöht. Diese Tatsache fordert die Verantwortlichen im Bereich der Behindertenhilfe und im Bereich der Jugendhilfe gleichermaßen. Dieser Reader liefert Fachkräften aus der Jugend- und Behindertenhilfe, Einrichtungsleitungen und Verantwortlichen aus Politik, Verbänden und Initiativen vielfältige Informationen, Ansatzpunkte und Anregungen zur Verbesserung des Schutzes von Mädchen und Jungen mit unterschiedlichen Behinderungen vor sexueller Gewalt.

Auf der Empfehlungsliste des Unabhängigen Beauftragten sexuellen Kindesmissbrauchs der Bundesregierung.

Bestellung

Alle Bestellungen sind über den üblichen Buchhandel sowie über www.amyna.de möglich. Alle Buchpreise zzgl. Verpackungs- und Versandkosten. Bitte beachten Sie, dass bei Auslandsbestellungen erhöhte Porto- und Überweisungsgebühren anfallen. Bestellungen aus dem Ausland sind nur gegen Vorauskasse möglich.

AMYNA e. V.

Orleansstraße 4 | Haus D, 81669 München
fon (089) 890 57 45-100
fax (089) 890 57 45-199
info@amyna.de

Weitere Publikationen, weitere Informationen und die Möglichkeit der Onlinebestellung bzw. -anmeldung zu Veranstaltungen finden Sie im Internet unter www.amyna.de.